가난한 시절의 서랍을 열면

읽온니 에세이

무엇이 쏟아져 나올지
알 수 없다

목차

7 · 프롤로그

누구나 빈손으로 왔다지만

21 · 오열, 자기만의 방에서

30 · 어린 나를 껴안아 주고 싶은 밤

38 · 우는 아이가 아니라도 가질 수 없는 선물

49 · 큰애는 징그러워!

61 · 나는 흙 속 진주였을까?

71 · 니가 나로 살아봤냐?

76 · 그 지하실에서

가난에도 깊은 의미가 있다

- 93 · 나는 왜 가진 것 없는 부모를 사랑하는가?
- 109 · 사랑은 아래에서 위로 거슬러 오른다
- 105 · 깊은 막장에서 저 높은 영靈을 향하여
- 119 · 1994년, 너무 덥거나 너무 아프거나
- 134 · 웃자란 사촌
- 142 · 엄마와 호두과자, 그리고 캔디

내 안에는 그윽한 사랑이 있다

- 157 · 시루떡과 딸기잼, 내 사랑의 원천
- 171 · 신은교회 설립자 서보라
- 178 · 적조의 통영과 소라게
- 184 · 돈 걱정 없이 사는 팔자

- 193 · 에필로그

프롤로그

세상에서 절대 숨길 수 없는 것 세 가지.
가난, 재채기 그리고 사랑.

낭만적인 문구가 유행하던 사춘기 시절에도 숨길 수 없는 사랑에 설레는 쪽이 아니라 숨길 수 없는 가난을 들킨 것 같아 부끄러움을 느끼는 쪽이었다.
가난해서 부끄러웠던 일들이 하도 많아서 그걸 떠올릴 때마다 다시 부끄러움을 느끼곤 했다.

실제로 가난은 어떻게 해도 숨길 수가 없었다. 예전엔 다들 그렇게 못 살았다고 할지도 모르겠다. 그러나 내가 자란 80~90년대는 중산층이 대량 생산되던 시대였고, 우리 가족이 살던 나라는 샴페인을 너무 빨리 터뜨린 대한민국이었다는 게 문제다.

한 번은 주공아파트에 사는 아이가 우리 집에 놀러 왔다. 아주 작은 방이 두 개 붙어 있는 반지하에 연탄아궁이가 놓인 걸 보고, 불쌍하고 감사하다고 했다. 아직도 이런 집에 사는 사람들이 있다는 데 놀랐고, 더 넓은 집으로 이사하고 싶다고 아빠를 졸랐던 자기가 부끄럽다고 했다. 그 친구는 착한 아이였다. 악의가 하나도 없었다.

단어를 정정해야 한다. 그때 친구가 느낀 것이 부끄러움이고, 그동안 내가 느낀 것은 수치심이다. 부끄러움은 어쩌면 우아한 감정이다. 수치심은 타인 앞에 벌거벗겨진 사람이 느끼는 공포다.

이후로 대학을 졸업하고 독립하여 내 단칸방을 가지기 전까지 집에 친구를 데려오지 않았다. 같은 단칸방이라도 혼자 사는 단칸방은 훨씬 나았다.

나이가 서른이나 넘어서 국민학교 졸업장을 열어보고 통곡한 적도 있다. 그땐 다들 그랬지…라는 생각이 기억 조작이었다는 것을 확인했기 때문이다.

나만 꾀죄죄하고 다들 멀끔했다. 그때 인기가 많았던 아이들, 공부도 잘하고 인성도 좋았던 아이들은 지금 봐도 하나도 촌스럽지가 않다.

아마 1930년의 졸업앨범을 보아도 마찬가지일 것이다. 잘 살던 사람의 어린 시절 사진에는 윤기가 흐른다. 하여간 나는 가난하고 보잘것없었다.

그런데 머리는 나쁜 편이 아니었다. 학원 보내달란 말을 꺼낼 엄두를 못 냈기 때문에 일부러 공부하지 않는 것을 콘셉트로 삼았다.

부모님은 사는 게 바빠 숙제나 준비물을 못 챙겨줬고, 나는 항상 숙제를 안해서 혼나는 아이였다. 아이가 혹시나 공부를 잘하면 뒷바라지해야 할까 봐 전전긍긍해야 하는 게 내 부모의 형편이었다.

누가 IMF로 집안 망해서 힘들었다고 앓는 소릴 하면, 나는 별 느낌이 들지 않았다고 말하곤 한다.

그전에도 너무 가난했기 때문에 나라가 망하든 안 망하든 우리 가족에겐 별 차이가 없게 느껴졌다. 오히려 IMF 기간에는 등록금 동결의 혜택을 받았고, 가장 돈이 많이 드는 대학 시절은 신용카드 빚으로 생활할 수 있었다.

대학을 졸업할 즈음에는 경기회복을 위해 카드대란을 일으켰던 정부가 부랴부랴 '개인 워크아웃'이라고 불린 신용 회복 제도를 도입하면서 그 덕에 빚을 청산할 수 있었다.

나는 가장 빨리 많은 돈을 벌 수 있는 학원 강사를 직업으로 선택했다. 대학 졸업 당시에 내가 쓴 학자금과 생활비, 아버지가 내 이름으로 빌린 돈을 더해 4천만 원의 빚이 있었는데 이걸 모두 갚는 데 5년쯤 걸렸던 것 같다.

4천만 원은 지금도 큰돈이지만 2000년대 초반이었던 그때는 스물다섯 살이 감당하기에 훨씬 더 큰돈이었다. 개인 회생 제도의 도움을 받기 전에는 5일, 15일, 25일, 30일마다 이자 내는 날이 돌아왔고, 매일 빚 독촉을 받았다.

원장을 찾아가 가불해 달라는 부탁을 여러 번 했고 그때마다 부끄러웠지만 도리가 없었다. 일하면서도 늘 이력서를 썼고, 면접을 봤는데 월급을 10만 원이라도 더 준다고 하면 근무조건이 어떻든 학원을 옮겼다.

경력을 쌓는 것보다 중요한 것은 당장 손에 쥘 수 있는 돈이었다. 그 돈을 벌려고 강의 능력을 키웠다. 다행히 적성에 맞는 일이었고, 큰 학원에서 일하면서 친구들보다 돈을 많이 벌었다.

스물아홉에 빚이 0원이 되는 순간이 왔다. 지친 나는 일을 그만두고 잠시 쉬었다. 20대의 마지막 크리스마스에 내 20대를 요약하면 빚, 술, 남자라고 말하며 친구와 웃었던 기억이 있다.

IMF로 집안이 망했다는 사람이 부러웠다. 아니, 어느 한순간이라도 좋은 집 살아보고, 좋은 차 타 보고, 부모의 사랑을 듬뿍 받아본 사람이 있다면 다 부러웠다.

하이틴 드라마나 영화에 나오는 중산층 사춘기 청소년들의 방황도 부러웠다. 엄마가 용돈을 많이 주고 일만 하러 다녀서 엄마 밥이 그립다고? 엄마가 매일 뼈 빠지게 일하면서도 용돈도 못 주고 엄마 밥도 못 차려주는 형편의 아이가 듣기에 너무 사치스러운 고민인 것 같았다.

그래도 우린 엄마가 있기라도 하지. 엄마 없는 아이들이 보기에 그런 드라마는 폭력에 가깝지 않겠느냐고 생각했다. 삶을 더 모를 때는 엄마가 없어도 부자인 친구가 부러웠다.

나중에는 누구네 집이 할머니, 할아버지 때는 부자였다는 말만 들어도 부러웠다. "애비는 종이었다. 스물세 해 동안 나를 키운 건 팔 할이 바람이다." 같은 시를 읽으면서 우리 할아버지도 어느 집 머슴이었을 거라고 당연히 생각하는 삶이었다.

그렇지만 함부로 "우리 애비는 종이었다"라는 시를 쓸 엄두는 못 냈다. 가난을 이야기하고, 그 상처를 드러내는 사람들이 또한 대단해 보였다.

가난하면 움츠러들고 비밀이 많게 마련인데, 그걸로 시를 쓸 생각을 한다니 정말 대단한 사람이지. 그리고 나처럼 움츠린 마음으로 그 시를 읽는 사람은 죄다 가난한 사람들일 것이다.

수능 모의고사를 보다가도 이런 시를 만나면 가난을 들킨 것처럼 마음이 오그라들었다.

어릴 때 엄마는 별의별 일을 다 했는데 어느 날은 목재소에서 낫으로 나무껍질 벗기는 일을 하다가 검지 손가락 끝부분이 조금 잘렸다.(인천에 목재소가 많다)

나는 엄마가 없는 곳에서 무릎에 식칼이 박히거나 머리가 깨지는 사고를 당했고, 그때마다 이웃 아주머니나 교회 어른들의 도움을 받았다.

엄마는 노점상이나 파출부 일을 해서 나와 동생의 학비를 댔고, 벌어도 벌어도 두 아이를 키우기에는 모자랐다.

나는 대학생 때 학비가 없어 휴학하고 정수기 부품을 생산하는 공장에서 일하다가 프레스기에 검지 손가락이 눌렸다. 비명도 집어삼킬 만큼 아팠다.

엄마가 다친 손가락과 같은 손가락이었다. 토요일이었는데 부장은 바쁜 차에 일손이 줄어들 것만 걱정했고, 나는 수당도 없는 잔업을 빠지게 된 것만 그저 송구해서 병원도 안 갔다.

손톱이 완전히 들렸고, 새로운 손톱이 다 자라는 데만 1년, 멀쩡한 모양으로 자리잡히는 데는 몇 년이 더 걸리는 큰 상처였다.

그런데도 그때는 약국에 가서 빨간약으로 소독하고 주말 내내 그 고통을 그저 참았다. 산재는커녕 약값도 내가 내고, 월요일에 손가락에 붕대 감고 출근해서 검지 손가락 없이도 할 수 있는 일을 했다.

나와 엄마의 검지에는 아직도 어려웠던 시절의 흔적이 남아 있다.

"시대가 뭐길래 내 꿈을 빼앗기도 하는"* 시절이었기에 대학 때 친구들은 술을 많이 마셨고, 취하면 가난을 이야기했다.

나는 술자리에서 가난을 얘기하지 않았다. 그때는 가난을 들키

---

* 드라마 '스물 다섯, 스물 하나'에 나오는 대사. IMF 때문에 예산이 줄어서 학교에 펜싱부가 없어지자, 주인공 나희도는 펜싱을 그만 둘 위기에 처한다. "시대가 뭐길래 내 꿈을 빼앗아?" 라고 절규하는 나희도에게 남자 주인공 백이진은 "시대는 꿈도 빼앗을 수 있고, 가족도 빼앗을 수 있다." 라고 말한다.

기 싫어서가 아니라 시시해서였다. 주로 남자들이 대단한 무용담처럼 늘어놓는 가난 얘기가 시시하기 짝이 없었다.

친구나 선후배들이 IMF로 집안 망한 이야기를 하며 고통 경쟁을 하면 속으로 '니들이 가난을 알아?' 하며 잠자코 술이나 퍼부었다.

가난 이야기가 나오면 다들 자기가 단칸방 살았던 시절을 이야기했다. 들어보면 유치원도 가기 전 이야기이거나, 신축 아파트에 입주하기 전에 잠시 머무르던 공간을 말하는 거였다.

그 이야기를 듣는 순간에도 나는 단칸방에서 온 가족이 살고 있었다. 대학생인 두 딸이 아빠 엄마와 단칸방 원룸에서 밥해 먹고 잠을 잤다. 무더운 여름날, 아빠는 다 큰 딸들과 원룸에서 자기가 뭐했는지, 낡은 봉고차에서 매일 잠을 잤다. 사실상 노숙자나 다름없었다.

어느 날, 부모님은 트럭을 한 대 불러 짐을 쌌다. 전남 고창 두메에 버려진 교회와 시골집을 수리해 살러 간 것이다.

우리 집이 조금이라도 살만하게 된 것은 내가 성인이 되면서였다. 나는 K-맏딸답게 한동안 온 가족을 먹여 살렸다. 내가 학원 강사로 일해서 번 월급 120만 원, 혹은 180만 원이 우리 가족의 수입원이었던 적도 있다.

내가 번 돈으로 이자를 내고, 식료품을 샀다. 샴푸나 비누를 사면 다 같이 썼다.

대학 때 친구네 집에 놀러 갔는데 그 집은 딸이 셋이라 각자가 다 자기의 샴푸와 클렌징폼을 쓰고 있었다. 화장실에 웬 미용 물품이 종류별로 많았다. 몰래 언니 것을 쓰다가 걸리기라도 하면 자매가 으르렁거리며 싸운다고 했다. 나는 그런 것도 부러웠다. 우리 자매는 왜 내 옷을 네가 입었냐는 내용으로 싸운 적이 한 번도 없다.

독립해서 혼자 살고 싶을 때도 있었다. 자기 하나를 먹여 살리기 위해 돈을 벌고, 먹고 입고 산다면 충분히 여우로울 수 있는 수입이었다. 그러나 착한 딸인 나는 소녀 가장으로 살길 선택했다.

엄마는 나를 학원도 못 보내주고 제대로 못 가르친 걸 미안해하지만, 나는 학원 강사로 일해서 엄마의 고생에 보답했다. 엄마는 내가 일요일에 교회에 가길 바랐지만, 나는 일요일마다 출근하여 돈을 벌었다.

사는 게 원수 같고 증오스러웠던 일이 왜 없을까? 20대 때는 빚과 술과 남자를 핑계로 집에 안 들어간 적이 잦았다.

인천 곳곳에 안 살아본 동네가 없을 정도로 이사를 많이 다녔다. 이사를 할 때마다 집은 커지기도 작아지기도 해서, 늘 버리는 것이 익숙했다. 인천의 어느 동네를 가도 가난했던 기억뿐이다.

지금은 청라국제도시가 된 가정동과 신현동에도, 번쩍번쩍한 대형 아파트가 들어선 제물포와 송현동에도, 고등학교를 다니던 동인천에도, 엄마가 노점상을 하던 구월동과 모래내시장에도, 가난한 대학 시절을 보낸 부평과 부개동에도, 사회 초년생 시절 가불로 연체 빚을 막으며 열정을 불태우던 연수동에도 슬프고 부끄럽고 창피한 기억이 있다.

인천에서 내가 아무 생각 없이 걸을 수 있는 곳은 바다를 메워 만든 송도신도시가 유일하다고 할 정도니까 말 다 했다.

왜 갑자기 가난 얘길 하고 싶을까? 가까운 사람들에게는 종종 했는데, 이렇게 많은 사람들이 보는 곳에 쓰는 것은 처음이다.

가난했던 것은 요즘 같은 세상에 자랑이 아니라 굳이 널리 알릴 필요 없는 일이지만, 수치감 때문에 내 본모습을 일부러 숨기는 것은 더 부끄러운 일이다. 가난한 건 자랑도 아니지만 부끄러운 일도 아니다.

너무 가난했고, 볼품없는 부모를 가졌고, 돌봄과 지지를 받지 못했고, 하루하루 노력하는 삶의 중요성을 배우지 못했고, 그래서 불우했던 어린 시절의 상처를 있는 그대로 보여 준 용감한 사람들이 내게 힘을 주었다.

스스로를 보살피기보다 자꾸만 사회 일원으로서 의미 있는 일을 하려고 애쓰는 것도 그렇고, 엘리트 지식인들이 씻나락 까먹는 소리를 하면 참고 들어 넘기지 못하는 성미도 내가 자란 배경과 관련 있다. 삶이 주는 웬만한 공격과 시련에 꿈쩍도 안 하며 좀처럼 밟히지 않는 것도 가난한 삶에서 얻은 맷집이다.

지금의 나는 좀처럼 불안에 잘 빠지지 않는 성격이기도 하다. 어디론가 떨어질지도 모른다는 상상을 하기에는 내가 거쳐온 곳이 이미 지하 세계이기 때문이다.

삶을 돌아보면 언제나 어제보다 오늘이 나았다. 평범하게 자란 사람들에 비하면 운이 좋다고 하기 어렵지만 나와 비슷한 환경에 있던 사람들에 비하면 운이 좋았다.

이게 내 인생이다.

누구나
빈손으로 왔다시만

오열, 자기만의 방에서

　글 쓰는 일을 오래도 쉬었다. 다시 글을 쓰고 싶다는 생각을 오랫동안 품고만 있었다. 이전처럼 세상과 사회에 던지는 글을 쓰느라 소모하기보다는 내 안에 가라앉아 묵어있는 유년의 기억을 이야기로 풀고 싶다는 생각을 한 것은 거의 일 년이 되었다.
　쓰고는 싶은데 보이는 곳에 쓰고 싶지는 않았다. 어디 어두컴컴한 구석진 곳에서 혼자 중얼거리고 싶어서 두어 달 정도 일기를 썼다.
　일기는 쓰면 쓸수록 갈증이 난다. 하루 종일, 한 달 내내도 쓸 수 있을 것처럼 느껴져 어느 순간 연필을 멈추고 숨을 몰아쉬게 된다.

아무도 일어나지 않은 새벽, 다섯 시쯤 유령처럼 일어나 화장실에 갔다가 물을 한 잔 마시고 서재 방의 따뜻한 조명을 켠다. 클래식 음악을 틀어놓고 잠시 심호흡을 한다.

11월 초부터 쓰기 시작한 모닝 페이지는 어느새 세 번째 공책의 중반쯤 이어지고 있다. 생각나는 대로 뭐든지 써 내려가겠다고 마음먹고 시작한 글쓰기지만, 한 달이 넘어가면서 생각나는 대로 쓰고 있는 게 아니라 어떤 생각을 묻어 버리고 절대로 생각하지 않기 위해 애쓰면서 변죽만 울리는 말을 늘어놓고 있다는 것을 깨달았다.

어린 시절의 기억들은 슬프고, 아프고, 때로 처참해서 그중 일부라도 갑자기 떠올라 마흔다섯 살의 나를 공격하지 않을까 두렵다. 그래서 묻어둔 기억이 자기도 모르게 새어 나올까 봐 저어하면서 조심스럽게 쓴다.

아무 의미도 없을 것 같은 매일의 계획, 매일의 다짐, 매일의 감정을 쓰는 용도로만 모닝 페이지를 활용하고 있었다.

그러나 '코끼리는 생각하지 마!'라고 했던가? 생각하지 않으려고 애쓸수록 유년 시절의 기억은 조각조각 튀어나와 현실의 나를 찌르고 베고 할퀴었다.

그날의 미션은, 어릴 적의 방을 묘사해 보고, 그 방에서 가장 좋았던 것을 떠올려 본 후, 그 좋았던 것을 지금 내 방에 선물하라는 것이었다.

아마 많은 사람에게 유년은 순수하고 즐거우며 행복했던 시절이겠지. 순수하고 따뜻했던 기억을 떠올리면 성인이 된 나에게 용기와 위로를 줄 것이다.

나는 이 미션을 앞에 두고 모닝 페이지를 쓰다가 기억의 습격에 쓰러져 오열했다. 남편과 딸아이가 다른 방에서 아직 잠들어 있는 시간, 새벽 작은 방에서 홀로 노트를 쓰다가 쏟아지는 눈물을 주체하지 못하고 숨죽여 울다가 코를 풀었다.

어릴 때 자기만의 방을 가져본 적 없다. '어릴 때 살았던 집'이라고 하면 네 식구가 웅크려 자던 단칸방, 밤새 장맛비가 들이쳐서 물바다가 되었던 반지하 셋방, 큼지막한 바퀴벌레가 기어가는 것을 차마 처치하지 못해 바라만 보던 나, 교양 머리 없고 돈 몇 푼에 악을 쓰던 이웃들, 지저분한 골목과 깜빡이는 가로등 같은 것들이 떠오른다.

가족이 다 같이 잠들던 단칸방에서 아빠, 동생, 엄마, 나 이렇게 누웠다. 아빠와 엄마가 동생 쪽으로 몸을 돌리고, 나는 혼자 벽을 보고 잠들었던 기억 같은 게 난다. 아마 그때 엄마와 아빠의 생각으로 나는 아빠 옆에 눕기엔 너무 큰 딸이었을 것이지만, 너무 어릴 때도 큰딸이었다는 게 문제다.

동생이랑 같이 '애들 방'이란 걸 따로 가져본 적도 있다. 어떤 반지하 셋방에서 다른 반지하 셋방으로 이사 간 어느 날, 방 한 칸 벽에 새 책상과 의자 두 개씩을 나란히 놓고 엄마가 '짠!' 했다. 동생이랑 펄쩍펄쩍 뛰며 기뻐했다.

그러나 아무 때나 엄마가 문을 벌컥벌컥 열고, 동생과 모든 것을 공유했던 방이라 내 방이었다는 생각이 전혀 들지 않는다.

내 방을 온전히 따로 가진 것은 대학교에 다닐 때였다. 스무 살이 넘도록 평생을 방은 언니와 함께 쓰는 걸로 알았던 동생이 종종 베개를 들고 쳐들어와 같이 자자고 졸랐다.

나는 너무 싫어서 울면서 제발 혼자 자고 싶다고 말해도 동생이 비집고 들어와 같이 울었다. 단칸방에서 자란 동생은 성인이 되어서도 혼자 자려면 무서움을 겪었던 것이다.

가끔은 소름 끼치도록 싫다는 기분을 억누르며 동생과 함께 잤다. 제발 혼자가 되고 싶었다.

그때 가졌던 방은 내 평생 처음 가져 본 내 방이었지만 특별히 기억에 남는 물건이 없다. 최초의 내 방이 있던 이 집은 아빠가 무리한 대출로 산 신축 빌라였기에 2년도 안 되어 쫓겨났다.

집을 계약하고 2년의 상환 유예 기간이 지나자 당장 첫 달부터 갚을 돈이 없었다. 집 살 돈이 없는데, 500만 원이면 계약이 된다고 하니 월세 보증금을 빼고 수중에 약간 모인 돈을 보태어 계약한 것이다.

우리 부모는 이렇게 무책임한 경제생활을 했다. 이때 빚을 갚지 못하면서 온 가족이 뿔뿔이 흩어졌다.

이 집에 2년간 살았던 대가로 나는 대학 졸업 후 5년 동안 4천만 원의 빚을 갚아야 했다. 평생 유일하게 내 방을 가져본 대가는 혹독했다.

이 빚을 왜 내가 갚아야 하냐고 물으니, 아빠는 '너도 같이 살았잖아. 왜 다들 나만 원망해. 우리 다 같이 살았는데.'라고 말했다.

그런 아빠를 내가 사랑한다는 게 문제다.

내 방이랄 것은 없었어도 어린 시절 방에서 떠오르는 물건을 쓰라고 하면 쓸 것이 없진 않다. 애착을 가졌던 것은 책 몇 권이었다.

책 읽는 시간은 오롯이 내 시간이다. 아무도 그 시간을 침범할 수 없다.

책 속 세상을 누비고 상상하는 동안에 나는 현실의 단칸방이 아니라 시베리아 횡단 열차를 타고 혁명의 심장부로 향하고 있거나, 중세 수도원의 도서관에서 금서를 읽고 있거나, 사교장에서 멋진 남자에게 함께 춤추자는 손길을 받고 있었다.

책은 온전히 내 것이었다. 내 모든 물건과 시간을 탐내는 동생조차 내 책만은 탐내지 않았으니.

그렇지만 나는 세상의 모든 책을 탐냈다.

가난한 우리 집에는 읽을 것이 별로 없었다. 심심하면 달력에 쓰인 글씨를 읽거나, 포장지로 사용되고 아무렇게나 버려진 신문지를 읽었다. 주일학교 달란트를 얻기 위해 성경을 읽었고, 어려운 단어가 나오면 사전을 찾아가며 혼자 배웠다.

교실 뒤에 마련된 학급문고는 급우들의 무관심 속에 내 전용 책장이나 마찬가지였다. 학기가 끝나면 아무도 책을 찾아가지 않는다. 나는 학급 문고에 버려진 책을 눈치껏 가져다 보잘것없는 내 책장에 꽂았다.

도서 대여점에서 빌려온 책 중 너무 재밌는 책은 돌려주기 싫어서 반납하지 않고 있다가 이사를 해 버리기도 했다.

엄마 아빠는 내가 도대체 무엇을 읽고 있는지 관심조차 없었다. 그저 책만 있으면 조용한 아이로 여겼다. 나는 남들은 재미없어하고 관심도 없는 취미를 가졌기에 그 안에서만큼은 아무런 간섭이나 훼방 없이 평안히 지낼 수 있었다.

이사를 너무 많이 해서 아끼던 책들을 버리거나, 다른 집에 줘 버리거나, 도서관에 '기증'한 적도 여러 번 있다.

내 방이 있던 최초의 집에서 쫓겨나 원룸으로 이사하던 날 그즈음 새로 생긴 인천지하철 1호선 동수역에 그때까지 모은 책 50여 권을 기증했다. 그리고 가끔 전철을 타고 내릴 때마다 동수역 만남의 광장 책꽂이에 꽂힌 내 책들을 안타깝게 바라보던 기억이 난다.

"그래, 집에 있으면 나 혼자 읽는 건데 공공도서관에 있으면 여럿이 읽을 수 있으니 좋은 거지."라고 생각했다.

그러나 그때나 지금이나 사람들은 생각보다 책을 읽지 않는다. 내 책들은 찾는 사람도 없이 오랫동안 거기에 묵어 있었다.

지금 내 방에는 책이 많다. 많아도 너무 많다. 읽고 싶은 책은 반드시 사고, 우연히 읽은 책 중에서도 좋은 것은 반드시 사서 소장하는 게 버릇이다 보니 가끔 책을 처분하고 책장을 조금씩 늘

려도 계속 쌓이고 넘친다.

서재는 사방이 책으로 가득한데, 남편이 운영하는 학원의 교실 한쪽 벽면에도 내 책이 가득 채워져 있고, 잠시 작업실로 쓰던 부모님 집의 방 한 칸도 내 책으로 가득하다.

가끔은 나무에게 미안하다는 생각도 하고, 남들처럼 전자책으로 갈아타 볼까 시도해 본 적도 있지만 내 책 욕심은 내가 잘 안다. 전자책으로 재밌게 읽은 책이라면 반드시 종이책으로 사서 책장에 꽂아놓고 말리라는 걸.

그러고 보니 어릴 때 내 방은 없었어도, 내가 좋아한 물건은 있고, 나는 성인이 된 후로 내내 내 방에 그것을 채워 넣는 것으로 어린 시절의 궁핍을 보상받으려 했다는 것을 알겠다.

책상에 앉아 원고에 집중하다가도 잠시 몸을 좌나 우로 돌려 색색깔의 책등을 바라본다. 책등에 박힌 제목마다 추억이 떠오르고 이야기가 펼쳐진다. 마음이 평안해지고 즐거워진다.

지금은 나만의 방이 있고, 그 방은 내가 좋아하는 책들로 가득 차 있다. 그러니 미션은 이미 완성된 것이다.

모닝 페이지를 쓴 지 한 달이 한참 넘어서야 모처럼 진짜 기억이라는 것을 끄집어냈다. 그리고 기억의 습격을 오롯이 받아내며 그때의 나를 만나고, 지금의 나를 조금 더 이해했다.

어린애처럼 울고 고통스러워하며 새벽 시간을 보낸 후, 세수하고 로션을 바르고 나서 거실에 불을 켰다.

자기만의 물건으로 둘러싸인 자기만의 방에서 잠든 딸을 깨워 학교에 보낼 준비를 시작했다.

어린 나를 껴안아주고 싶은 밤

아이들을 가르치는 일을 하면서 한동안 '생애 첫 기억'을 글쓰기 주제로 삼은 적이 있다. 신도시에 사는 아이들은 생애 첫 기억이 뭔지 구분하지 못하는 경우가 태반이요, 가족과 함께 즐거운 나들이하러 갔다거나 작은 성취를 이루고 크게 칭찬을 받았다거나 길을 잃어버려 울다가 결국 엄마를 찾았다거나 하는 소소한 사건들이 나머지 대부분이다.

나의 생애 첫 기억은 이런 것이다.

어린 나는 친할머니 집에 맡겨져 있다. 충남 논산 깡시골의 흔한 농가 툇마루에 앉아서 큰아버지가 소를 몰고 마당으로 들어서는 걸 본다. 큰아버지는 너무 무섭고 종종 나를 다그치거나 때렸기에 나는 조금 긴장한다.

소를 우리에 넣으려는데 갑자기 이놈의 소가 다리에 힘을 주고 버티기 시작한다. 큰아버지는 어린 나에게 윽박지르던 성질머리 그대로 소의 고삐를 붙잡고 욕지거리를 한다. 소는 고갯짓을 크게 한 번 하더니 더욱 버티며 마당으로 뒷걸음질 친다.

월남전 참전 용사인 큰아버지가 근육을 불끈이며 안간힘을 써 보지만 소용없다. 보나 마나 뻔하다. 일하는 내내 업신여기고 함부로 대했기 때문에 성난 황소에게 복수를 당하는 것이다.

큰아버지는 툇마루에서 지켜보고 있는 저 어린 꼬맹이 때문에라도 굽힐 수 없다고 생각했는지 되지도 않는 객기를 부리며 황소에 맞선다.

잔뜩 뿔난 황소가 온 마당을 날뛴다. 원심력을 증명하기라도 하려는 듯 황소는 제자리를 빙글빙글 돌며 고삐를 잡은 큰아버지로 마당에 큰 원을 그린다. 큰아버지는 고삐에 이어진 줄을 꽉 붙잡고 버티다가, 결국 처참하게 밟히고 만다.

이 장면은 슬로비디오처럼 기억 속에 생생히 박혀 있다. 모든 게 무섭고 겁났다. 순식간에 일어난 일이다. 어찌지 못하고 서서 지켜보다가 얼른 할머니를 찾아 달렸다.

"할머니, 큰아버지가… 소, 소가… 큰아버지를…"

할머니는 정지 뒤쪽에서 무슨 일인가를 보고 있다가 다급한 손녀의 목소리에 놀라 마당으로 뛰어나간다. 할머니는 금세 소를 진정시켜 우리에 넣고, 방에 들어가 커다란 담요를 들고나와 아들의 몸을 덮었다.

그러고는 곧바로 이웃에게 도움을 청하러 나섰다. 마당 한가운데서 월남 용사가 담요에 덮인 채 덜덜 떨고 있는 것을 어린 내가 똑같이 덜덜 떨며 보고 있다. 나의 원수에게 황소가 통쾌한 복수를 해 준 순간이다.

그날 큰아버지는 다리가 부러졌다. 아마 구급차가 왔거나 누군가의 도움을 받아 곧바로 병원으로 옮겨졌을 것이다. 큰아버지는 한쪽 다리 전체에 깁스를 하고 돌아와서 한동안 방 안에서 꼼짝 못 했다.

손에 집히는 것이면 무엇이든 들고 어린 조카를 때리며 이년 저년 욕하던 큰아버지. 그 후로 큰아버지가 "이년 이리 와! 이 나쁜 년!" 하며 무서운 표정을 지어도 별로 무섭지 않았다.

한쪽 다리에 허벅지까지 오는 깁스하고는 나를 잡겠다고 양손으로 바닥을 짚고 엉덩이를 들썩거리며 다가오려 애쓰는 모습이

애처로웠다. 꼬맹이인 내 심부름이 아니면 스스로 물조차도 떠먹지 못하는 신세가 되었으니 얼마나 불쌍한지 모른다.

스무 살도 한참 넘은 어느 날 엄마에게 이 사건을 이야기했는데, 엄마는 그때 내가 겨우 두 돌이 지났을 뿐이었다며 어떻게 그걸 기억하느냐고 놀랐다. 그래서 이것이 내 최초의 기억인 것을 알았다.

자기 딸이 아동학대를 당했단 사실을 20년 만에 알게 된 엄마는 시아주버니를 떠올리며 새삼 치를 떨었다.

가만있어 보자… 그때가 두 돌이 지났을 때라고…?

내 생각에 그때 난 적어도 여섯 살은 되었어야 맞다. 그렇게 어릴 때라는 걸 믿기 어려웠다. 기억이 너무 생생했기 때문이기도 하고, 그렇게나 어린아이에게 폭력적인 어른을 상상하기 어렵기 때문이기도 했다.

모든 장면을 아주 또렷이 떠올릴 수 있다. 내가 국민학교 입학할 무렵 할머니가 돌아가시면서 그 시골집은 영영 사라졌는데도, 그 집의 대문, 소 우리와 마당, 툇마루와 정지, 큰아버지에게 맞지 않기 위해 필사적으로 뛰던 내 모습이 생생하게 기억난다.

그때 내가 엄마 곁을 떠나 할머니 집에서 큰아버지의 손아귀에 놓였던 이유가 무엇일까?

　연년생으로 동생이 태어나자, 둘을 돌보기 버거웠던 엄마는 종종 나를 시골집에 맡겼다. 한동안 외할머니 집에서 지냈는데, 어찌 된 일인지 몰라도 어느 날 외할머니와 친할머니가 논산의 시내에서 만나 나를 인수인계했다.

　외할머니 손을 잡고 버스를 타고 큰 시내로 나갔던 날도 생생하다. 아마도 터미널을 끼고 있을 교차로에 큰 약국이 있는데 당시에 약국 벤치는 오가는 나그네들의 쉼터 같은 곳이었다. 어르신들은 박카스 같은 것 한 병을 사서는 벤치에 앉아 사람을 기다렸다.

　나는 외할머니가 사 주는 요구르트를 마시며 친할머니를 기다렸다. 참, 호칭이 이상하기도 하지. 외할머니야말로 나에게 가깝고 친한 할머니고, 친할머니는 정 없는 바깥 할머니였는데 말이다.

　하여간 두 사돈은 나를 두고 잠깐의 안부를 주고받았다. 친할머니는 내 손을 잡고, 외할머니는 내 머리를 쓰다듬었다.

　"아가, 잘 가라. 할머니 말씀 잘 듣고."

아, 그때 나는 그냥 외갓집에 있어야 했다. 딸기밭으로 둘러싸여 맑은 시냇물 가에 놓인 정겨운 집에.

친할머니는 나를 보살폈지만, 외할머니만큼 다정하지는 않았다. 울 엄마가 아들을 못 낳고 딸만 내리 둘을 낳은 걸로 타박했다고 하니 나를 예뻐했을 리가 없다.

그 집에서 나는 천덕꾸러기 취급을 받았을 뿐 아니라 월남전 용사에게 때때로 학대를 당했다. 베트콩 때려잡던 솜씨로 세 살배기인 나를 두들겨 패려고 다가오던 그 굵은 손과 무섭게 노려보던 눈빛을 잊지 못한다.

생애 첫 기억이라는 게 이렇다. 사람들은 보통 엄마 아빠와 놀이동산에 간 걸, 최초로 뭔가를 이루고 칭찬받은 걸, 명절에 떠들썩하게 모인 친척들 사이에서 장기 자랑한 걸 기억한다.

학대의 기억을 가지고 있으니 난 좀 운이 나빴던 걸까? 아니면, 황소가 복수해 준 기억이니 운이 좋았다고 할 수 있을까?

엄마가 동생을 낳지 않았다면, 엄마가 나를 시골집에 보내지 않았다면, 내가 엄마 아빠의 보호와 보살핌 아래서 유년 시절을 보냈다면, 천덕꾸러기 같은 어린 시절을 보내지 않아도 되었다면, 그랬다면 어땠을까?

어릴 때는 이런 생각을 자주 했다. 결국 자라는 동안에 동생에 대한 감정이 뒤틀렸고, 어른들의 눈에 들기 위한 노력은 처절했다. 성인이 된 이후까지도 애정결핍으로 목말랐다.

성난 황소에 밟혀 다리가 부러진 사람을 불쌍하게 여겨야 할지, 내가 당한 것들을 생각하며 복수심에 불타 고소해해야 할지, 측은지심을 가져야 할지, 인과응보라고 여겨도 될지 혼란스러운 상태로 모든 시간을 오롯이 혼자 보냈다.

목사님은 네 원수를 사랑하라고 했고 엄마는 '아멘'이라고 했다. 복잡한 마음을 이야기할 상대가 없었고 부모는 감정을 적절히 다루는 방법을 일러주지 못했다.

엄마는 나중에 엄마도 엄마가 처음이라 모든 게 서툴렀다며 미안하다고 나에게 사과했다. 어른이 된 나는 엄마의 사과를 받았지만, 이미 살아버린 인생을 생각하며 애틋한 마음이 드는 건 어쩔 수 없다.

얼마나 많은 사건이 지금의 나를 만든 걸까? 10대의 방황과 20대의 타락이 뭘 의미하는지 깊이 생각하지 않은 채 수치심으로 가득 차 벽장 속에 아무렇게나 처박아 두었다.

내가 왜 그랬는지 나도 모른다고만 생각했다. 그러나 이제 하나하나 생각해 보려고 한다. 그때 내가 왜 그랬을까?

애틋한 마음과 따뜻한 시선으로 유년 시절을 떠올리고 사건을 하나하나 되짚어 본다. 별일 아니라고 치부했던 크고 작은 일들이 모두 어린 나에게 크고 작은 상처로 박혔던 것이구나 생각한다.

애늙은이였던 20대의 나는 누구나 어린 시절에 아픈 기억 한두 개쯤 가지고 있는 거겠지…하고 마음의 상처를 외면하면서 자해를 했던 것이다.

유년의 나도, 청소년의 나도, 청년의 나도 모두 참 안 되었다. 그 모두를 껴안아 주고 싶은 밤이다.

우는 아이가 아니라도 가질 수 없는 선물

"지나치게 행복했던 사람이 아니라면, 아홉 살은 세상을 느낄 만한 나이이다."

다행히 내 아홉 살은 지나치게 행복했던 편은 아니었고, 그리하여 나 또한 세상을 느끼기 시작했다.*

---

* 1991년 출판된 위기철 작가의 『아홉살 인생』은 1960~70년대 산동네에서 자란 유년시절을 그린 자전 소설이다. 인용한 부분은 책의 첫머리에 등장하는 문구.

부모님이 가르쳐주지 않았지만, 어디에서 들었는지 나도 산타 할아버지를 알았다! 글을 쓸 줄 알았으니 아마 여덟 살쯤 되었을 것이다. 얼마나 설레고 신났는지 동생에게 산타 마을과 산타 할아버지의 선행에 관해 한참 설명했던 것 같다.

아빠는 멀리서 일하며 가끔 집에 왔고, 엄마는 금요일 철야 예배를 갔다. 집에는 동생과 나만 남아 종이와 연필을 꺼냈다.

착한 아이에게 선물을 주시는 산타 할아버지, 우리 집에 와 주셔서 정말 감사하고, 앞으로도 정말 열심히 살겠습니다. 무엇이든 주시는 대로 받아야겠지만 가지고 싶은 선물이 있어 목록을 남길 테니 다 주지 않으셔도 정말 괜찮은데 이왕 주실 거면 이 중에서 하나 주시면 진심으로 감사하겠습니다.

편지 아래에는 내가 갖고 싶은 물건의 목록을 차곡차곡 쓰고는 동생에게도 갖고 싶은 것이 있는지 물어 따로 목록을 작성했다. 특별한 건 없었다. 인형, 색연필, 동화책 등등 일고여덟 살 어린이의 생필품이었다. 가난한 우리 자매에겐 없는 게 너무 많았기에 목록이 점점 길어졌다는 게 문제라면 문제였다.

나와 동생은 친척과 이웃과 교회 어른들에게 늘 착하다는 칭찬을 받았기 때문에 의심은 없었다. 착한 아이가 받는 것이 크리스마스 선물이라면 우리는 충분히 자격이 있었다.

그러니 긴 목록을 작성하면서도 당당했다. 다 달라는 것도 아니고, 그중 하나만 받아도 된다고 썼으니까 욕심부리는 것도 아니다.

나는 완성된 편지를 곱게 접어 겉면에 '산타 할아버지께'라고 수신인 이름을 또박또박 썼다. 그리고 눈에 잘 뜨이도록 문 앞에 두고 동생과 함께 잠자리에 들었다.

설레는 마음에 쉽게 잠들지 못하는 동생을 토닥이면서, 빨리 자야 산타 할아버지가 오실 거라고 말하는 여덟 살 언니의 마음은 뿌듯하고 충만했다. 글을 알고 쓸 수 있다는 건 이렇게 좋은 것이다.

다음 날은 토요일 크리스마스. 나와 동생은 기대감에 일어났으나 우리 집엔 아무 일도 일어나지 않았다. 편지도 온데간데없고, 부엌에선 엄마가 아침밥을 짓고 있었다.

엄마, 여기 있던 편지 혹시 봤어? 라고 물었는지 아닌지 기억이 잘 나지 않는다. 다만 나와 동생은 어찌 된 일인지 궁금했다. 산타 할아버지가 왜 우리 집을 지나쳤을까? 착한 아이들에게 주는 선물이라면 우리를 지나칠 리가 없는데!

그날인지, 다음날인지, 아니면 며칠이 더 지난 후인지 모르겠지만 나는 엄마가 친구에게 하는 이야기를 엿듣게 되었다.

 애들이 산타 얘길 어디서 들었는지 편지를 썼지 뭐야. 받고 싶은 선물 목록까지 써서. 그런데 철야 예배 끝나고 와서 다음 날 아침까지 선물을 어떻게 준비하겠어? 이럴 줄 알았으면 미리 뭐라도 사 둘 걸 그랬나? 아니, 내가 그럴 형편이 어떻게 돼. 그래도 애들이 불쌍하지. 너무 미안하더라고….

왜 그때 서운함이나 속상함을 느끼기보다 부끄러움을 더 느꼈는지 모르겠다. 이날의 기억은 나에게 수치감으로 남아 있다. 엄마에게 보이고 싶지 않은 걸 보인 것 같은 수치심이다.

세상에 엄마에게 이런 감정을 느끼는 아이도 있나? 모르겠다.

세상 물정 모르고, 천진난만하게, 있지도 않은 존재에게 그토록 정성껏 쓴 편지를 읽은 것이 세상에 단 한 명, 엄마였기 때문이 아닐까?

나는 그날의 편지 이야기를 다시는 입에 올리지 않았다. 엄마도 나에게 아무 말도 하지 않았고, 나는 엄마에게 많은 것을 말하지 않으며 자랐다.

세상에 산타 할아버지가 없다는 사실을 언제 알았느냐 하는 건 나에겐 정말 중요한 질문이다. 중고등학교 때나 대학생 때, 나중에 어른이 되고 엄마가 되어서도, 크리스마스 시즌이 되면 친구나 지인들 사이에 나오는 단골 주제였다. 때로는 누군가가, 때로는 내가 이 질문을 던졌다.

누구나 한때 산타를 믿는다. 부모님이 진지하게 이야기했고, 동화책에도 나오니까. 연말이 되면 유치원에서도 산타 이야기를 하고, 산타가 등장하는 캐럴도 부르고, 백화점에 가면 온통 산타 인형이니까.

캐럴이 흘러나오는 초겨울부터 아이들은 산타 할아버지에게 선물을 받기 위해 착한 아이가 되려고 반짝 노력한다. 혹시나 선물이 잘못 배달될까 걱정되어 편지를 정성스레 쓰는 경우도 있다. 글쓰기를 처음 배울 무렵에 삐뚤빼뚤.

그리고 실제로 크리스마스 날 아침에는 산타에게 선물이 배달된다. 어린아이들에게 크리스마스 선물은 자기 눈으로 직접 확인하고 만져 본 산타의 증거다. 부모님도 짐짓 놀라며, 산타가 정말 우리 집까지 올 줄은 몰랐다며 함께 기뻐한다.

대부분의 아이들이 열 살 이전에 산타 할아버지가 아니라 부모님이 선물을 준비했다는 것을 안다. 아마 아홉 살 무렵이 아닐까 싶다. 지나치게 행복했던 사람이 아니라면 세상을 느낄 만한 나이.

한 친구는 무려 6학년 때까지 산타를 믿었다가 친구들 사이에 웃음거리가 되고 나서 엄마에게 진지하게 물었다고 한다. 친구들이 산타가 없다면서 나를 놀렸는데, 정말이냐고.

질문을 받은 엄마는 아이의 눈을 빤히 들여다보더니 그 억울하고 순수한 눈빛에 "푸하하!" 하고 정말 크게 웃음을 터뜨렸단다. 엄마의 웃음소리가 친구들의 놀림보다 더 난처하여 아이는 상처를 받았다.

부모가 나를 몇 년이나 깜빡 속인 것도 속상한데 친구들에게 놀림당하고 온 걸 비웃기까지 하는 듯 느껴져서 어린 마음에 배신감이 들었단다.

사실 부모님도 아이가 그렇게까지 오래 믿을 것으로 생각하진 않았을 것이다. 산타에 관한 환상은 원래 또래 사이에서 깨지게 마련이니까 아이가 당연히 일찌감치 산타의 진실을 알고 있을 것이라고 여기는 경우도 많다. 진실은 흐지부지 밝혀진다.

머리가 좀 크고 센스 있는 아이들은 '산타를 믿는 아이'라는 부모의 환상을 지켜주기 위해 연기를 하기도 한다. 사실은 산타가 없다는 걸 이미 아는데 부모님이 하도 열심히 연기를 하니까 적당히 맞춰주면서 원하는 선물을 얻는 것이다. 참된 효의 도리를 아는 성숙한 친구들이다. 역지사지 할 줄 아는 참 착한 아이들이다.

내가 부러워한 것은 이렇게 보통 아이들이 자연스럽게 익히는 배려와 역지사지였다. 물질적으로 결핍되면 부모도 아이에게 좋은 것을 주지 못하고, 아이도 부모에게 보답할 기회를 잃는다.

부모에게 속고 친구에게 놀림당한 걸 상처로 기억하는 친구도 있지만, 나는 그런 이야기들을 부러워하며 살아왔다.

아주 어릴 때는 결핍을 잘 모른다. 아이들은 시야가 주변에 한정되기 때문에 세상에 얼마나 다양한 삶이 있는지 알 수 없으니까, 어리면 어릴수록 순수하게 행복을 느낄 수 있다.

그러한 순수한 유년기가 언제까지 지속될까? 그 유효기간은 사람마다 다르다. 지나치게 행복한 사람이라면 세상을 훨씬 더 늦게 알게 될 것이다. 그렇지 않다면 아홉 살이면 세상을 느낄 만하다. 그리고 어떤 아이들은 아홉 살 보다 더 일찍 세상을 느낀다.

나도 그랬다. 산타 할아버지가 있다는 걸 알자마자 곧바로 없다는 걸 알았다. 가난한 아이의 환상은 누구도 지켜주지 않았다.

내가 엄마가 된 후 아이에게 산타를 알려주는 데 진심이 되었다. 매년 정성껏 산타 연극을 하며 아이의 순수함을 지켜주려고 했다. 아이가 좀 크니 어린이집 산타 할아버지가 사실은 일주일에 한 번 오시는 체육 선생님이라는 걸 눈치챘다.

그때 나는 어린이집 산타는 연극이고 진짜 산타 할아버지는 네가 잘 때 밤에 오시는 분이라고 태연하게 거짓말을 했다. 딸은 산타를 진심으로 믿고 기다리며 크리스마스트리에 편지를 써 두었고, 며칠 뒤 선물을 확인하고 나면 기쁨의 춤을 추었다.

아이가 3학년쯤 되었을 때 약간의 혼란이 왔다. 친구 중에서 산타가 없다고 주장하는 아이들이 있다는 것이다.

> 엄마, 정말 어떻게 된 거야? 산타는 있지 않아? 왜 애들이 없다고 하지?

그때 나는 아이를 앉혀놓고 산타의 비밀을 알려주었다. 그리고 엄마 아빠가 얼마나 사랑하는지 알지? 하며 품에 꼭 안아주었다. 아이는 너무 빠르지도 느리지도 않게 세상을 알았고, 성장했다. 나는 그것으로 충분히 만족했다.

세상에서 가장 흔한 연극에 참여하여 지극히 평범한 엄마의 역할을 할 수 있음에 감사하면서.

크리스마스에 얽힌 슬픈 이야기는 또 있다. 아빠가 동생인 고모네 석유 가게에서 먹고 자면서 오토바이로 석유 배달일을 하던 때다. 수치감을 남긴 산타 편지 사건 바로 전 해나 다음 해일 것이다.

그 당시 아빠는 서울 고모네 집에 살면서 일주일에 한 번 주말에만 집에 왔다. 우리는 아빠가 오는 날을 기다렸는데, 오는 길에 통닭을 튀겨 오거나 군밤을 사 오거나 했기 때문이다.

아빠에게 전화가 왔다. 크리스마스 선물로 뭘 갖고 싶으냐고. 동생과 나는 인형이 갖고 싶다고 말했던 것 같다. 바비나 쥬쥬 혹은 미미라고 불리는 예쁜 마론 인형. 다 낡고 헌 것일지언정 이웃 중에서 그걸 가지지 않은 여자애들은 우리밖에 없었다.

다음 날 아빠는 양손 가득 선물에, 놀랍게도 크리스마스 케이크도 들고 왔다. 우리는 신나게 촛불을 불고 선물을 풀었다. 예쁜 인형을 하나씩 받아 들고 동생과 내가 양쪽에서 아빠 목을 끌어안고 뽀뽀를 하고 난리를 쳤다.

그 인형은 예쁜 금발 머리에 구두도 두 개, 명품을 흉내 낸 가방도 하나, 여분의 드레스도 들어 있는 큰 상자였다.

크리스마스 케이크에 촛불을 불며 우리 가족은 단란한 한때를 보냈다. 이날은 가난했던 유년 인생에서 손에 꼽히는 행복한 날로 기록되었다. 나는 그날의 기억을 열고 또 열어보며 행복감을 느꼈다.

아빠가 서울 가서 돈을 많이 벌어서, 우리 형편으로 꿈도 못 꾸던 인형을 사 왔으니 기쁠 수밖에.

그러지 말아야 했는데, 그게 나에게 얼마나 행복한 기억이었던지 나중에 좀 자라서 엄마에게 그날 일을 이야기했다. 엄마, 그때 나는 너무 행복했어!

엄마는 조금 다른 이야기를 했다. 사실 그때 아빠는 여동생의 집에서 머슴처럼 일하던 시절로 추운 겨울 석유배달은 쉬운 일도 아니었고 손아래인 매제의 밑에서 일하는 것도 자존심 상하는 일이었다고.

그때 그 인형 선물은 아빠가 돈 벌어서 큰맘 먹고 사 온 것이 아니라 아빠의 동생이자 고용주인 고모가 조카들을 위해 사서 들려 보낸 것이었다.

엄마의 말이 끝난 순간, 유년 시절 몇 안 되는 아름다운 추억 중 하나가 흑백이 되었다. 어리고 철없어서 부모의 어려움을 몰랐고, 순수하게 기쁘기만 할 수 있었던 크리스마스.

그렇게 멋진 날에도, 우리는 가난했다.

사춘기의 길고 긴 터널 어딘가에서 나는 그날의 진실을 알게 되었고, 더 이상 아름답고 행복한 추억으로 기억할 수 없게 되었다. 자라는 동안에 나에겐 작은 행복의 기억조차도 사치였다.

나중에 스스로 돈을 벌게 되고 가난에서 벗어나면서 이런 일들도 다 희미해졌다. 그러나 가난과 궁핍을 온몸으로 관통하던 10대와 20대 시절에는 떠올릴 때마다 스스로에게 연민이 생기지 않을 수 없는, 그래서 자기 자신을 불쌍해하고 싶을 때면 언제나 꺼내 보는 흔하디흔한 일기장 같은 일이었다.

큰 애는 징그러워!

너무 어린 날의 기억을 이야기하고 있으니 독자 중에는 그렇게 어릴 때 일이 생생하게 기억난다고? 정말 그럴 수 있나? 하고 의심하는 사람도 있을 것 같다.

대부분의 일상적인 일은 시간이 지나면 기억에서 사라지지만 충격적인 사건은 그날의 소리, 냄새, 빛깔과 함께 영화 장면처럼 남는다. 어떤 사건이 일어났다면 대사만 기억하는 게 아니라 그날 내가 앉았던 모양새나 그 집의 모양이 기억난다.

한 집에 오래 살 수 있는 행운을 누렸던 사람이라면 어릴 적 집에서 있었던 일이 유치원 때인지 4학년 때인지 헷갈릴지도 모른다. 그러나 나는 이사를 많이 다녔기 때문에 어떤 기억이 어떤 집과 함께 떠오르면 그 집의 모습과 방의 배치가 함께 생각난다. 그래서 그때가 대략 언제쯤인지 유추할 수 있다.

예를 들어, 산타 할아버지에게 편지를 썼을 때 나는 단층의 가게가 서너 개쯤 이어진 건물에서 한 가겟방에 살고 있었다. 우리 집은 장사를 하진 않았지만, 그 집은 가게를 운영하라고 만든 집이었다. 길거리에 면해 있는 유리 미닫이문을 열면 가게로 쓰는 넓은 공간이 나오는데, 한쪽에 부엌을 만들어 붙이고 그 절반 정도는 마루로 이어서 거실처럼 썼다. 가게 안쪽에 방 한 칸이 있어서 온 가족이 잠을 잤다.

예전에는 한 가족이 슈퍼나 철물점, 문방구를 운영하며 가게에 딸린 방에서 생활하는 경우가 많았다. 우리 아빠도 그 집에서 한때 우유 대리점을 했다.

그 가겟방의 마루에서 동생과 함께 산타 할아버지께 편지를 쓰고 고이 접어 두었다. 밖에서 문을 열고 들어와 신발을 벗은 후 가장 먼저 발을 디딜 수밖에 없는 곳이 바로 우리가 편지를 놓은 자리였다.

여기서 얼마나 살았는지 몰라도 나는 이 집에서 기억나는 일이

유난히 많다. 이 집에서 겪었던 일만 가지고도 어`만한 책 한 권을 더 쓸 수 있을 정도이니 말 다했다.

그리고 정말 생생하다. 어느 정도냐면 이 집에서 살기 시작한 지 얼마 되지 않았을 때 아빠가 서울의 친구인지 형제인지의 집에 갔다가 호돌이 굿즈를 많이 가져왔다. 요새 달로 굿즈라고 하니까 그렇게 써 보겠다.

곧 88 올림픽이 열린다며 온갖 기념품이 쏟아져 나오고 있을 때였다. 책갈피나 책받침 같은 것이 종류별로 많아 집에 이리저리 걸어 놓았던 기억이 난다. 내가 87년에 학교에 들어갔으니 이 집에 살던 때가 국민학교 1~2학년 때였을 것이다.

물론 기억이 전부는 아니다. 호돌이 기념품이나 달력이 놓인 집에서 찍은 어릴 적 사진을 종종 열어보았기 때문에 기억이 박제된 면도 있겠다.

이 가겟방에서 있었던 또 다른 일이다.

어느 날 엄마가 같은 교회 교인인 친구와 하는 이야기를 들었다. 그 집은 아들이 둘이었고, 우리 집은 딸이 둘이다.

엄마 친구 : 막내가 귀여워. 얼마나 하는 짓이 이쁜지!

엄마 : 맞아. 막내가 귀엽지. 나도 그래! 작은애는 커도 귀여운데 큰애가 달려와서 안기면 에구 ㅋㅋㅋ 좀 징그럽더라고 ㅋㅋ

엄마 친구 : 그러게 ㅋㅋ 막내는 왜 이렇게 이쁜 걸까?

그 순간 나에게 무슨 일인가 생겼다. 이날 이후로 내 세계는 완전히 달라졌다.

나는 엄마에게 '징그러운' 존재인 것이다.

어른이 되어 보면 아주 어리석은 생각이지만, 어렸을 때는 엄마의 말을 다르게 해석할 수가 없었다. 그날 이후로 엄마에게 안기지도 않았고, 애교를 부리지도 않았다.

아빠가 퇴근하고 오면 동생은 단숨에 달려가 아빠 품에 안겼지만, 나는 뒤에 어설프게 서 있었다. 밖에 나들이를 가더라도 동생이 양손에 엄마와 아빠를 차지하고 걸으면 나는 괜히 앞서거나 뒤따랐다.

엄마나 아빠가 잡아주기 전에 내가 먼저 부모의 손을 잡는 일이 없었다. 이 문장을 쓰면서 왜 이렇게 마음이 아픈지 모르겠다. 오래 지난 일인데도 그렇다.

이 집의 단칸방에서 잠을 자던 우리 가족의 모습이 자주 생각난다. 마루로 연결된 문에 가까운 벽 쪽에 아빠가, 그 옆에 동생이, 그 옆에 엄마가, 그 옆에 내가 누웠다. 아빠와 엄마는 동생을 향해 옆으로 누웠고, 나는 벽을 향해 누웠다.

어느 밤이었는지, 아니면 며칠 몇 달 계속된 여러 밤들이었는지 모르겠다. 나는 잠을 못 이루고 벽을 보며 외롭다. 아빠는 코를 골고, 동생은 잠꼬대하고, 엄마는 누가 깨워가도 모르게 고단한 잠에 빠졌다. 나는 아직도 잠들지 않았다.

부모가 멀쩡히 살아 있는데도 애정결핍이 생길 수 있다는 걸 그땐 알 수 없었다. 나는 부모에게 원하는 것을 제대로 말하는 법을 배우지 못하고 자랐다. 뭘 사달라고 한 적도 별로 없고, 사 주는 대로 입고 신었다.

동네 어귀마다 아이들로 넘쳐나던 베이비붐 시절에도 동생은 뭇사람의 사랑을 받았다. 피부가 뽀얗고 숱이 적은 머리카락은 갈색빛을 띠고 있어서 어딘지 이국적으로 생긴 아이였다.

부모님뿐만 아니라 친척, 이웃, 지나가는 낯선 사람도 동생을 예뻐했다. 길거리에서 고무줄 놀이를 하고 있으면 지나가는 어른들이 예쁘다 하며 머리를 한 번씩 쓰다듬고 가게 만드는 아이였다. 낯선 어른의 손길이 무섭거나 싫지 않냐고 물었지만, 동생은 기분이 너무 좋고 행복하다고 말했다. 나는 그 느낌이 무엇인지 알 수 없어 동생이 유별나다고 생각했다.

반면에 나는 흔하디 흔한 애들 중 하나로 어디서든 별로 눈에 띄지 않았다. 부모의 관심도 못 받는 아이가 다른 이의 관심을 끌 수 있을 리 만무하다. 누가 날 일부러 그렇게 취급하진 않았겠지만 스스로 느끼기에는 내가 동생의 그림자 같았다.

동생은 자기가 원하는 것이 있으면 언제나 엄마 아빠에게 요구했다. 당시 유행하던 만화 캐릭터가 그려진 운동화를 사달라고 몇 날 며칠 조르고 마음대로 되지 않으면 함부로 토라졌다. 우리 집이 가난한 건 동생에겐 큰 문제가 되지 않았다. 사랑받는 아이의 버릇이고 특권이 있었다. 나는 사랑받지 못하니까 무언가를 요구할 권리도 없었다.

가난한 엄마의 사정은 아랑곳하지 않고 자기가 원하는 것을 요구하며 떼를 쓰는 동생이 한심하기도, 철없어 보이기도 했지만 대체로 부러웠던 것 같다. 나는 가끔 원하는 것이 있을 때 동생을 부채질했다. "아빠한테 통닭 사달라고 하자."

조금 더 자라 사춘기가 되었을 때, 나는 더 크게 좌절했다. 머리가 뒤늦게 트인 동생은 무서운 속도로 성적을 올렸고 나는 점점 더 평범해져 갔다. 중학교 때부터 동생은 나보다 키가 컸고 힘이 셌다. 말싸움 하나도 지지 않았다.

더 어릴 때 나에겐 부모가 쥐여준 언니의 권위가 약간이라도 있었다. 그러나 한창 반항심이 생길 시기에 동생은 그런 관계를 깨끗이 거부하고 내 머리 위에 올라탔다. 동생은 다혈질인 엄마를 닮아서 성격도 급하고 드셌다. 한번 화가 나던 말을 가리지 않고 퍼부었으며 가장 아픈 곳을 골라 회심의 일격을 가해 상대를 완전히 쓰러뜨리고 제압하는 데 능했다.

힘으로 부딪혀도 내가 손목을 잡혔고, 말로 싸우면 이길 재간이 없었다. 마음에 찢어지는 듯한 상처를 입는 날이 많아지면서 나는 동생에게 냉담해졌다. 상처받지 않으려면 거리를 두는 수밖에 없으니 어쩔 수 없는 일이었다.

자라면서 깨달은 놀라운 사실은 동생이 영원히 귀여운 막내라는 것이다. 동생은 중학생이 되어서도 엄마 아빠 품에 철썩 안겼다. 라면 하나 제 손으로 끓일 줄 모르고 설거지도 안 했다.

아홉 살에 이미 징그러워 엄마 품을 잃은 나는 3학년 때 벌써 밥을 차리고 설거지하고 부모가 일하러 나간 집에서 동생을 돌보았다. 그렇다면 나는 동생을 돌보기 위해 태어난 건지도 몰랐다.

만약 동생이 없었더라면?

동생을 사랑하면서도 미워하는 감정이 내 안에서 같이 자랐다. 상대가 요구하지도 원하지도 않는데 자꾸만 도와주고 보살펴 주려는 성격이 자리잡는 동안, 다른 한쪽으로 철없고 순수하며 세상 물정 모르는 사람을 멸시하곤 했다.

겨우 14개월 차이밖에 안 나는 동생과의 사이에서 과도한 역할을 하는 동안 아무도 나에게 그런 책임을 지지 않아도 된다고 말해 주지 않았다. 언니니까 동생을 사랑하고 보살피며 좀 져주어야 한다고만 했다. 내가 그렇게 하면 나는 착한 아이가 되어 부모의 관심을 받을 수 있었다.

내가 딸을 낳은 게 서른다섯 살 때다. 20대 초반 대학 시절부터 시작된 연애는 20대 후반이 되어서야 결혼으로 이어졌다. 결혼 후에도 몇 년 동안 아이를 갖지 않자, 가족들은 걱정이 많았다. 제발 하나라도 낳아 기르라고, 대신 키워주겠다고 양가에서 성화였다.

결혼 후 6년 만에야 하나를 낳았다. 그 아이가 돌이 되기도 전에 둘째는? 하는 말이 들렸다. 첫 아이를 낳고 7년 만에 둘째를 임

신한 동생이 "언니, 둘째는 생각 없어? 아이가 외로워서 어떻게 해? 낳으려면 빨리 낳아야지. 언니 나이도 이제 꽉 찼는데…" 하고 말하는데 어이가 없었다.

'얘는 정말 아무것도 모르는구나!'

갓난아이를 품에 안은 채로, 나는 동생에게 딱 잘라 말했다. 이 '귀한' 아이에게 동생 같은 걸 만들어줄 생각이 '전혀' 없다고. 왜 눈에 넣어도 아프지 않을 사랑스러운 아이에게 동생이라는 짐을 맡기느냐면서. 뱃속에 둘째를 품고 있는 동생에게 힐난하는 것이었다.

아이 둘 이상 낳아서 사랑을 나누어 줄 자신이 없었다. 나의 아이는 혼자서 부모의 사랑을 오롯이 차지하길 바랐다.

나의 딸이 동생의 딸인 사촌 동생과 자주 만나며 크는 동안에 한 번도 네가 언니니까 양보하라든가, 동생을 잘 돌보라는 말을 한 적이 없다. 놀이터나 키즈카페, 캠핑장에서 잠시 만나 노는 사이에도 내 딸이 자기보다 어린 아이와 놀 때 나는 양보하라는 말을 절대 한 번도 하지 않았다.

딸아이는 혼자 자라 독립심이 강하고 또래 관계도 아주 좋다. 그러나 떼쓰는 동생들을 돌보거나 챙겨가며 함께 놀아주는 것을 잘 못한다. 그래도 나는 아이가 건강하게 자라고 있다고 생각한다.

혼자 자란 아이는 외롭다든가, 이기적이라든가 하는 말이 귀에 들어온 적이 없다. 나는 자매가 있었지만 늘 외로웠으니. 게다가 넉넉한 환경에서 혼자 자란 아이들이 이기적이긴커녕 인심도 좋다는 걸 경험으로 알았다.

외동아이들은 친구들과 과자를 나누어 먹었지만, 가난한 집에서 동생과 함께 자란 나는 먹을 것이 생기면 몰래 숨겨놓고 혼자 먹었다. 자기 것을 내놓고 흔쾌히 너도 먹어! 하는 친구들이 그렇게 부러울 수 없었다. 나는 식탐을 부끄러워하며 자랐다.

엄마를 대신해 다정하게 보살펴주는 언니와 자란 것이 동생에겐 좋은 추억일 텐데, 언니인 나에겐 상처투성이 과거였다는 걸 알고 충격을 받은 듯했다.

동생은 보이는 대로 사람을 믿었고 나는 딴마음을 품고 겉을 꾸몄으니 잘못은 나에게 있다. 그렇다고 해도 내가 어쩔 수 있는 일은 아니다.

나는 어릴 적에 엄마가 나를 징그럽다고 하는 말을 들은 일, 단칸방에서 혼자 벽을 보고 잠들었던 밤들, 단란한 세 가족의 뒷모습을 보며 뒤처져 걷던 길에 관해 이야기했다. 너무 일찍 책임감을 가져야 했고, 어른스러워야 했던 부자연스러운 나의 유년기에 관해서도.

동생이 엄마에게 그 이야길 전했나 보다. 손녀를 봐주고 집도 정리해 준다고 우리 집에 와서 걸레질하다 말고 엄마가 나에게 사과했다.

> 은이한테 얘기 들었어. 엄마는 네가 그렇게 생각하면서 큰 줄 몰랐어. 엄마가 먹고 살기 어려워서 은이를 어린 너에게 맡기고, 너에게 너무 큰 짐을 지운 것 같다… 요샌 육아 프로그램도 많고 책도 좋아서 너희는 아이를 똑똑히 잘도 키우지만, 엄마가 너흴 키울 때는 그런 것도 없고 어디서 배우지도 못했잖아. 엄마가 정말 몰랐어. 엄마가 미안해.

어릴 적 상처에 대해서 부모의 진심 어린 사과를 받는 행운을 가진 사람은 많지 않다. 나는 뭔가 어색하고 부끄러워서 "이제 와서 무슨 그런 말을 해~" 했다. 오래 굳고 단단했던 마음이 눈 녹듯이 녹았다.

내가 서른다섯에 처음 엄마가 된 순간이라 더 쉬웠는지도 모른다. 우리 엄마는 나를 스무 살에 낳았다. 요즘으로 치면 아기가 아기를 낳은 것이다. 얼마나 힘들고 어려웠겠는가.

그러나 상처가 나아도 흉터는 남는 것처럼, 40대 중반이 된 내 마음에 아직도 희미한 흔적이 남았다. 부모의 양육 태도는 이미 나의 성격을 결정했다. 나는 완고한 확신에 차서 아이를 하나만 낳아 애지중지 키우고 있다.

나는 흙 속 진주였을까?

엄마는 내가 국민학교 고학년일 때부터 수학을 못 따라간다는 걸 알면서도 학원에 보내주지 못했다.

나는 친구가 다니는 학원에 무작정 나가면서 어떻게든 수학을 이해해 보려고 애썼고, 자본주의 원리에 충실한 학원 선생님은 학교 선생님보다 친절하고 다정했기에 배우는 재미도 있었다.

처음에는 열심히 엄마에게 수학 보충의 필요성을 설득했다. 그때만 해도 누구보다 똑똑했던 내가 공부를 못 하는 일은 있을 수 없었기 때문에.

5학년밖에 안 된 내가 혼자서 학원에 가서 상담하고 공부하러 다니기 시작하자 엄마는 울며 겨자 먹기로 한 달 치 학원비를 냈다. 그렇지만 두 번째 달에는 원비를 내지 못했다.

엄마는 나에게 수학 학원에 다니지 말아 달라고 며칠 동안 설득했다. 나는 학원비를 떼먹은 아이가 되었다. 학교를 오갈 때 학원을 거치지 않게 뺑 돌아다녀야만 했다.

부모가 가난하면 학교에서 배운 도덕관념쯤은 가볍게 무시해야 하는 상황도 종종 생긴다. 부모의 치부를 덮기 위해 거짓말을 해야 하거나, 원비를 떼먹고 도망치는 일 같은 것 말이다.

그때 이후로 학원에 관해서는 체념했다. 고등학교 졸업 때까지 단 한 번도 학원 등록을 시도하지 않았다. 그 시절 흔한 단과학원 수업 한 번 듣지 않았다.

이런 게 뭐 그리 특별한 이야기가 될까? 나는 이런 사연을 많이 안다. 이런 이야기들은 전쟁 직후 세대나 산업화 시대에 어린 시절을 겪은 사람들의 뻔한 레퍼토리다.

그러나 내가 이런 일을 겪은 것은 90년대 초반이었기에 나에게 가난은 나만 특별히 겪는 재앙처럼 여겨졌다. 90년대 후반에는 IMF가 터지면서 다시 이런 이야기가 흔해 빠졌지만, 풍요로웠던 88 올림픽 이후의 버블 경제에서 가난한 건 우리 집밖에 없는 것처럼 느껴졌다.

사실 공부도 잘 안 했다. 공부하라는 사람이 아무도 없어도 스스로 노력하는 학생이 있지만, 나는 그런 사람이 아니었다. 고등학교 때도 책을 많이 읽었고, 고3 때도 매주 주달마다 영화를 봤다.

고등학교에 올라가서도 나는 국어와 영어, 사회와 과학을 잘했지만, 수학은 모의고사에서 80점 만점에 16점이나 24점을 맞았다. 이렇게 수학을 못 했어도 논리와 사고력으로 푸는 과학 문제는 거의 다 맞았다.

아무리 애를 써도 그 성적으로 당시에는 서울에 있는 대학을 가기 어려웠다. 수도권 4년제 대학을 나오고 나서 사회생활을 하는 내내 학벌 콤플렉스라는 건 남의 일이라고 착각하고 살았다.

자존심이 세서 콤플렉스를 인정하기 싫은 마음이 컸기 때문일 것이다. 지금은 개천에서 용 나는 일이 훨씬 드물지만, 내가 자랄 때만 해도 부모 없이 자란 고아가 서울대에 합격했다거나, 벽촌에서 EBS만 보고 수능 만점 받았다는 이야기가 흔했다. 언론은 그런 사연만 대서특필했으니 나 같은 사람은 없는 것이나 마찬가지였다.

모든 것은 고등학교 때 내가 공부를 열심히 하지 않았고, 최선을 다하지 않은 탓이었다. 세상은 우리 집이 가난했고, 부모가 무지했던 것은 하나도 중요하게 여기지 않았다. 어린 학생인 나에게 정말, 진짜로, 맹세코 최선을 다했는지만 물었으니까.

어린 시절 '두뇌가 명석하다'는 평가를 받았던 내가 중고등학교를 거치면서 평범하기 짝이 없는 데다 잔머리만 굴리는 사람으로 큰 것이 정말 온전히 내 탓이라고 할 수 있을까?

학교는 노력과 경쟁을 중시하면서 학생들이 처한 계급 현실을 은폐한다. 나는 공정 경쟁의 이데올로기에 희생된 흙수저였다.

학교 선생님도 부모님도 이 세상도 모두가 네가 공부를 못하는 것은 네 탓이라고만 했으니 내 탓이 아닌 것도 내 탓을 하는 것이 마음 편한 일이라고 여기며 자랐다.

나만 그랬을까? 가난해서 기회를 얻지 못한 사람들이 대부분 그렇게 살 것이다.

엄마는 내가 학원에 보내 달라고 할까 봐 두려웠했던 것 같다. 엄마는 필사적으로 자녀의 공부에 관심을 끄기 위해 노력했고 딸의 성적에 신경 쓰지 않으려고 애썼다.

엄마는 내가 중학생이 된 이후 한 번도 성적표를 내놓으라고 말한 적이 없다. 내가 잘 봤다고 생각하면 보여주고, 망쳤다고 생각하면 안 보여주는 식으로 일 년에 한 번만 성적표를 들이밀어도 이번 학기 성적표는 어떻게 된 거냐고 물어보는 일이 없었다.

내가 시험을 잘 봐서 성적표를 내밀면 엄마는 기뻐하면서도 걱정했다. 5학년 때 성적이 떨어져서 아빠에게 크게 혼난 적이 있기도 한데 그뿐이었다. 어떻게 공부하라든가, 모자란 공부를 보충하기 위해 문제집을 더 사서 풀어보자든가 이런 대책이 하나도 없었다.

공부는 혼자서도 알아서 잘해야 했지만, 너무 잘하려고 욕심부려서도 안 되었다. <행복은 성적순이 아니잖아요>, <그래 우리 가끔 하늘을 보자>, <비트> 같은 영화를 보면 서울 사는 아이들은 공부 경쟁에 메말라 갔고, 극단적인 폭력이나 자살로 내몰렸다.

나는 오히려 영화와 드라마 속의 극성스러운 부모가 부러웠다. 돈은 엄마 아빠가 어떻게든 벌어서 뒷바라지할 테니까 너는 공부만 해. 네가 우리 집의 기둥이고 희망이다. 같은 말을 듣고 싶었지만 아무도 그렇게 하지 않았다.

나중에는 시험을 잘 봐도 엄마에게 성적표를 보여주지 않았다. 아무런 응원도 지지도 돌아오지 않았기 때문이다.

독실한 엄마는 내가 학교 공부를 하는 것보다 성경책 읽는 걸 더 대견스러워하기도 했다. 학교는 빠져도 교회는 빠지면 안 되는 게 엄마의 법칙이었으니 엄마는 내가 공부를 잘하든 못하든 하나님이 모든 걸 알아서 해 주실 것으로 생각했던 것이다.

실제로도 엄마 아빠에게 내 성적은 아무런 걱정이 아니었을 것이다. 그저 기도만 열심히 하면, 하나님이 다 보살펴 주실 것이니까. 그렇다면 나는 종교 이데올로기에 희생된 흙수저이기도 하다.

동생은 그 와중에도 공부를 잘했다. 공부 머리가 늦게 트인 케이스로 중학교 때만 해도 중간 이하를 맴돌던 아이가 고등학교 올라가서 무섭게 치고 올라가 전교권에서도 상위를 웃돈 것이다. 동생이 공부에 욕심을 낼수록 엄마는 더 힘들어졌다.

나이를 먹을수록 의식하든 못하든 못 배운 한이 엄청나게 크다는 걸 깨닫는다. 엄마가 학원을 못 보내줄 수도 있다. 그땐 학원 안 다니고 공부하는 친구들이 지금보다 훨씬 많았으니 나만 유별났던 것도 아니다.

그래도 어릴 때 엄마 아빠가 공부 습관을 잡아주고, 내 성적에 조금만 더 관심을 기울여줬다면 어땠을까? 집에서 공부라고는 전혀 하지 않고 읽었던 책만 읽고 또 읽고 있는 내가 도대체 학교 숙제는 해 가는 것인지 부모로서 궁금하지도 않았을까? 내가 학원에 다녔다면 이야기는 어떻게 달라졌을까?

말로만 듣던 강남 8학군 출신에 엄마 아빠가 버울 만큼 배운 사람들이라서 교육의 중요성을 알고 있었다면, 나는 무엇이 되었을까? 아니 엄마 아빠가 본인들은 못 배웠어도 자식만은 잘가르쳐야 한다는 의지가 강한 사람들이었다면 어땠을까? 나는 다 큰 어른이 될 때까지도 이 질문에 미련을 못 버리고 있다.

최근에 사회생활을 하며 만난 동료들이 명문대 출신이라 그럴지도 모른다. 같은 대학 출신의 선후배 동기들만 보고 살다가, 갑자기 큰물에 나가니 죄다 일류대생 아니면 명문대 대학원생, 연구원, 시간강사, 교수가 아닌가?

그러니 방어기제가 슬슬 작동한다. 내가 공부를 못할 수밖에 없고, 공부를 열심히 안 할 수밖에 없는 이유를 찾고 또 찾는다. 다시 또 유년 시절이고, 또 그놈의 가난과 결핍 이야기다.

명문대를 나온 동료들에게 어릴 때 어떻게 공부했는지 물었다. 시험을 못 보면 엄마가 크게 화를 내며 책을 찢어버렸다는 이야기, 부모가 힘들게 맞벌이해서 학원비를 내 주었다는 이야기, 대학생이 되고 취업 준비를 하는 순간까지도 무엇을 더 배워야 할지 조언해 준다는 이야기… 그런 이야기들이 다 부러웠다.

내가 못났다는 걸 인정해야 하는데 그러기 싫으니까, 핑계를 끌어온다. 엄마도 끌어오고 가난도 끌어오고 자본주의나 신자유주의라는 놈의 목에 줄을 칭칭 감아 끌어다 앉힌다. 억울해 죽겠다고.

개인의 문제가 아니라 계층 문제고 사회 문제라고, 근본적인 개혁이 필요하다고 외치고 싶어진다. 부끄럽지만 이게 내가 한동안 사회 운동에 발을 담갔던 이유다.

초등학생인 딸은 새로운 걸 배우기 좋아한다. 언어능력도 뛰어나고 집중력도 좋은 편이다. 책 읽는 걸 좋아하고 읽은 내용을 구조적으로 정리해서 말할 줄 안다.

심심하게 앉아 있느니 추리 게임이나 사자성어 외우기, 속담 맞추기, 구구단 게임이라도 해야 직성이 풀리는 아이다. 아이가 심심해할 때 스도쿠를 알려주면 몇 시간이고 그걸 붙잡고 시간을 보낸다.

지금은 거의 정리했지만, 4학년 때는 학원과 학습지를 합쳐 7개나 했다. 영어, 피아노, 미술, 수영, 중국어, 한자, 요가. 집에서는 엄마인 나와 함께 수학공부를 했다.

일정이 빠듯해서 힘들거나 친구들과 놀이터에서 놀고 싶은 마음이 크면 학원이나 학습지를 조금 정리하자고 해도 뭐 하나 포기를 못 하는 아이다.

학교에 가기 싫다는 친구들의 말에 갸우뚱하고,(엄마, 그런데 왜 유튜버들도 그렇고 친구들도 그렇고 학교에 가기 싫다고 하지?) 진심으로 공부를 즐거워하며 모든 일에 적극적으로 나선다.

요즘 아이들 누구나 그렇듯 우리 딸도 어릴 때부터 유튜브를 보면서 컸지만, 쓸데없는 걸 넋 놓고 보는 것 같아도 뭔가를 배우고 기억하는 능력이 뛰어나서 잡다한 지식이 또래에 비해 많다.

나는 아이에게 공부를 강요하지 않으면서도 너의 성취와 성장에 엄마가 진심으로 관심있다는 점을 표현하기 위해 애쓴다.

오늘 학교에서 뭘 배웠니? 하고 물으면 종종 아이는 30분이 넘게 떠든다. 영어학원에서 뭘 배웠니? 하고 물으견 당장 영어책을 가져와 오늘 배운 부분을 읽어준다. 피아노 학원은 재밌었어? 하고 물으면 한 시간 동안 피아노 연주를 들려준다.

자랑이면 어떻겠냐마는 자랑도 아니다. 과거보다 풍요로운 세상에서 요새 아이들 누구나 비슷비슷하게 자라고 있다는 걸 알기 때문이다.

나는 딸을 보면서 사실은 내가 저런 아이였을 것이라는 생각이 들곤 한다. 딸은 내가 아니므로 착각은 금물이지만, 딸의 모습을 보면서 유년 시절의 결핍을 보상받는 것 같아 행복감을 느낀다.

같이 놀던 언니들은 학교에 들어가 한글을 배워오는데 나만 글을 못 읽는다는 생각이 들자, 종이와 펜을 들고 엄마에게 한글을 가르쳐 달라 조르던 아이.

간단한 원리를 알려주자 단 몇 시간 만에 동화책을 줄줄 읽어내던 아이.

지적인 활동이 왕성하고 무엇이든 궁금해하며 책을 펼치면 마지막 장까지 읽기 전에는 잠도 안 자는 아이.

명작동화, 전래동화, 위인전, 과학 학습만화, 역사만화, 어린이 대백과를 읽고 모자라 어른들이 읽다 던져버린 신문 쪼가리의 한자를 조합해서 어떻게든 읽으려고 용을 쓰던 아이.

성경책에 모르는 낱말이 많으면 국어사전을 펼쳐놓고 한자어를 익히며 읽고, 성경의 깨알 같은 주석까지 함께 읽고 이해해야 직성이 풀리던 아이.

조금만 더 여유롭게 사는 중산층 집안에서 자라 엄마의 치맛바람이라는 걸 조금 맞았다면 나도 영재발굴단 정도는 거뜬히 출연하지 않았을까?

무엇이든 할 수 있고 수만 가지 가능성으로 반짝반짝 빛나던 어린 시절의 내가 자랄수록 가난에 찌들어 서서히 빛바래 가는 모습이 그려질 때마다 마음이 아프다.

니가 나로 살아봤냐?

아무리 먹고사는 게 바쁘고 힘들어도 자녀의 재주를 발견해 주고, 뼈가 녹는 한이 있어도 뒷바라지만큼은 해주는 부모들의 이야기가 세상엔 또 많다.

나는 그런 이야기를 보고 들으며 자랐지만, 슬프게도 나의 부모는 전혀 그렇지 않았다. 나는 박탈감을 느끼며 자랐다.

어릴 적에 자녀가 가진 재주를 발견하고 칭찬을 아끼지 않아 자신감을 키워줬다는 엄마를 가진 이들이 그렇게 부럽다.

우리 엄마가 나에게 자신감을 불어넣어 준 적이 있었던가. 나는 아빠의 응원과 지지를 받아본 적이 있었던가. 내가 칭찬받을 때라고는 동생을 잘 돌볼 때뿐이었다.

나는 대부분 그림자처럼 있는 듯 없는 듯 지내다가 가끔 '착한 아이'라는 칭찬을 들었다. 동생을 잘 돌보고 큰 말썽 부리지 않는 착한 아이. 이런 칭찬은 내 일생에 독이 되어 돌아왔다.

착한 아이라는 칭찬 때문에 나는 어린 시절부터 가면을 쓰고 사는 일에 익숙해졌고, 자아는 분열되었으며, 분열된 자아는 서로를 의심하고 미워하고 불신했다.

나는 아빠가 나를 '착한 딸'이라고 부르기 전에 나의 성적표를 궁금해하길 바랐고, 엄마가 나를 교회에 보낼 시간에 학원에 보내주기를 바랐다.

부모님의 착한 딸이 되지 않기로 하면서부터 교회를 등졌고 신을 버렸다. 입시학원 강사가 되어 일요일마다 교회 대신 학원에 나가 하루 종일 아이들을 가르쳤고 그 돈으로 아버지가 진 빚을 다 갚았다.

시행착오를 마음껏 겪으며 천천히 자라는 친구들과 달리 나는 너무 빨리 어른이 되었다. 경제적으로 독립을 이루는 것은 물론 실질적 가장 노릇을 하게 되자 집에서는 아무도 나를 함부로 하지 못하게 되었다.

그러나 엄마 아빠는 식사 기도를 할 때마다 하나님이 보살펴주셔서 큰 딸이 잘 먹고 잘살게 되어 감사하다고 해서 내 속을 뒤틀었다. 내가 항의하자 아빠는 자신이 평생 가난으로 고생하는 동안 자식들만은 이 가난과 모멸을 겪지 않게 해달라고 하나님께 기도했노라고 주장하면서 내가 여유롭게 사는 이유가 자신의 기도 덕분이라고 우겼다.

이후로 나는 식사 기도조차 거부했고, 지금까지도 식사 기도에 참여하지 않는다. 온 가족이 모여 밥을 먹을 때 내가 있다면 아무도 큰 소리로 기도해서는 안 된다. 기도는 각자 조용히 할 사람만 하면 된다.

교회에 나가지 않고, 내 삶이 오로지 내 노력의 결과물이라고 주장하며, 야훼의 도움을 단 1%도 인정하지 않는 것, 혹시 엄마나 아빠가 그런 소리를 하면 버럭 화를 내는 것이 나라는 진주를 흙 속에 파묻어버린 엄마 아빠에 대한 일말의 복수였다.

아이템풀 같은 학습지를 풀기 싫어서 잔뜩 밀리고, 그것 때문에 혼난다는 아이들이 부러웠다. 친구의 학습지를 대신 푸는 게 그렇게 재밌었다. 내가 이거 재밌는데? 하고 풀면 친구는 그게 얼마나 귀찮은지 아냐며 푸념했다.

푸념조차 부럽다. 나도 너무 많은 학습량과 숙제에 떠밀려 고통에 찬 비명을 지르며 친구에게 숙제를 미루고 엄마에게 걸려 혼나고 싶다. 엄마의 관심이 오로지 내 공부, 내 성적, 내가 미래에 무엇이 될까에 있었으면 좋겠다.

언젠가 이런 말을 했더니 누군가가 그게 얼마나 힘든 건지 아냐면서 나를 나무랐다. 그 사람은 일찌감치 엄마의 치맛바람으로 자유를 박탈당하고 살았다. 전 과목 족집게 과외를 받으며 명문대에 갔다가 우울증에 걸려 학업을 다 마치지도 못했다.

얼마 전까지 이런 소릴 들으면 착한 아이로 자란 나는 '그렇지, 너도 얼마나 힘들었겠니.'하며 진심으로 공감하고 위로해 주었다. 우울증으로 약을 먹는 건 그쪽이지 내가 아니었기에.

그런데 오늘은 왠지 삐뚤어져서 "어쩌라고? 웃긴다. 니가 나로 살아봤냐? 아니잖아."라고 말하고 싶다.

너는 가난해서 못 배운 내 고통에 공감하지 못하는데 왜 나는 경제적으로 여유롭게 자라면서 먹고 싶은 거 다 먹고, 사고 싶은 거 다 사고, 자기 방 자기 침대에서 자면서, 온 과목 과외 선생님을 두고, 배울 만큼 배운 너의 고통에 공감해 주어야 하는 거지? 과외 선생님과 공부하는 너의 방에 엄마가 과일과 주스를 내왔을 거 아니냐?

이제 나는 공감 능력을 이런 식으로 낭비하고 싶지 않다. 조금쯤 이해심이 부족한 사람으로 살고 싶다. 비뚤어진 마음이래도 어쩔 수 없다.

유년 시절의 기억을 돌아보는 글을 쓰기 시작하면서 나는 나 이외에는 아무도 위로하고 싶지 않다. 어린 시절의 나를 가장 불쌍한 존재로 생각하고 싶다. 다른 사람이 살면서 무슨 고통을 얼마나 겪었든 그건 여기서 다루고 싶지 않다.

내가 우울증에 걸리지 않았다고 해서 내 고통이 더 작은 것이라고 취급하는 무례한 사람들의 말을 듣고 싶지 않아서 이렇게 조용한 곳에 글을 쓴다.

그 지하실에서

집이 가난해서 유치원을 못 다녔다. 80년대 중반이었던 그 시절은 영유아보육법이 공포되기도 전이기에 유치원이나 유아원에 다니지 않는 아이들이 더 많았다.

그래도 많은 부모들이 아이를 유치원에 보낼 수만 있다면 보내고 싶어 했고, 웬만한 형편의 아이들은 단 몇 달이라도 유치원 문턱을 밟아 국민학교에 입학했다.

어릴 때는 내가 유치원을 못 다닌 게 이렇게 평생 한이 맺힐 일이라고 생각하지 못했다.

동생은 운이 좋았다. 내가 입학하고 동생이 여섯 살이 되었을 때 우리 가족이 다니던 교회에 선교원이 생기면서, 1년 동안 이 선교원을 다닐 수 있었다.

어릴 땐, '선교원이 1년만 일찍 생겼다면 나도 다녔을 텐데 아깝다.'하고 아쉬워했지만 지금 생각해 보면 그렇지도 않았을 것이다. 내가 국민학교에 입학하자 엄마가 일하는 동안 동생을 돌봐 줄 언니가 없어졌다. 그래서 엄마는 할 수 없이 둘째를 선교원에 보낸 것이다.

선교원 보내는 데도 다달이 돈이 드는데 1년 일찍 생겼다고 나와 동생을 나란히 입학시켰을 리 없다. 그럴 돈이 없었을 것이다. (동생은 나와 두 살 차이지만 생일이 빨라 일곱 살에 입학했고, 학교는 연년생처럼 다녔다.)

어느 날, 엄마와 함께 선교원에 갔다. 깔끔한 옷을 차려입고 설레는 마음으로 선교원 문을 열었다. 동생은 일 년 동안 다닌 곳이지만 나는 그날에야 처음 들어가 보았다.

선교원은 집에서는 구경할 수 없는 온갖 장난감과 교구들로 가득했고, 친절하고 다정한 선생님들이 웃으며 반기는 곳이었다. 사방 벽면에는 어린아이들이 만든 작품이 다양하게 전시되어 있었다.

빈 요구르트 통이나 종이컵으로 만든 인형이나, 일회용 접시에 색종이나 털실로 꾸민 가면 같이 조잡하지만 귀여운 작품들 옆으로 아이들의 사진도 예쁘게 꾸며 전시했다.

귀여운 노란 망토 같은 원복을 입은 아이들이 나란히 앉아 선생님의 이야기를 듣고, 노래와 율동을 하고, 간식을 먹는 즐거운 선교원에서의 생활도 사진으로 전시되어 있었다.

여러 작품 속에서 자기 것을 찾아보라면서 동생이 자랑스럽게 웃는다. 나는 역시 내 동생이 최고라며 엄지손가락을 추켜올렸고, 엄마와 함께 동생의 작품 앞에서 기념사진을 찍었다.

선생님은 엄마에게 동생을 침이 마르게 칭찬했다. 나는 친절한 선생님들이 챙겨 주시는 간식을 먹었다. 그날 먹은 간식이 후렌치파이와 요구르트였다는 것까지 정확하게 기억한다.

이렇게까지 생생할 일인가 싶을 정도로 선명한 걸 보면 그때 즐거운 내 얼굴에 숨겨진 저 아래 마음 깊은 곳에 부러움과 질투가 솟았던 것 같다.

어쩌면 그 무렵부터 나에게는 동생을 미워하는 마음이 싹트고 있었을지도 모른다. 선교원 때문은 아니지만, 그때쯤 겪었던 엄청난 일이 내 안에서 원망과 미움을 키우고 있었던 것 같다.

아무것도 모를 리 없는데 아무것도 모른 채 웃는 동생 때문에 화가 났는지도 모른다. 그렇지만 나는 화내는 방법을 모르는 아이였다. 기억을 억누른 채 착한 언니 역할을 하며 가면을 쓰고 지냈다.

내면의 화를 표현하려면 무서운 사건을 떠올려야 하는데, 어린 내가 감당하기에 너무도 큰 일이었다. 마음속에 비밀의 방을 만들고 그 안에 모든 것을 욱여넣었다. 그리고 자물쇠로 꽁꽁 잠가 버렸다.

아주 어릴 때를 생각해 보면 나는 확실히 동생을 좋아했고, 잘 챙기고 사랑하는 언니였다.

동생은 다혈질인 엄마의 성미를 닮고 나는 차분하고 느린 아빠의 성격을 빼닮아 사춘기를 지나면서 큰 싸움이 여러 번 일어났다. 예민한 시절의 충돌은 돌이킬 수 없는 상처를 남겼다.

나는 동생과 적당한 심리적 거리를 유지하며 지냈다. 이런 관계에 대해 동생의 변덕스러운 성미를 감당할 수 없게 된 내가 마음의 벽을 만들어 스스로를 보호하기로 한 것이라고 말하곤 했다.

그런데 오늘 아침에 갑자기, 내가 동생에게 이중적인 마음을 품게 된 것은 사춘기보다 훨씬 전부터였을 것이라는 생각이 들었다.

기억 저편으로 완전히 묻어놓고는 되도록 건드리지 않으려고 애썼던 어떤 날의 사건 때문이다. 그 사건 역시 가겟방에 살 때로, 내가 국민학교에 막 입학하고 동생은 선교원에 다니던, 우리 자매가 각각 여덟 살, 여섯 살이던 때쯤 일어났다.

나는 동생과 함께 엄마를 찾으러 교회로 가고 있었다. 어린 나이에는 꽤 멀게 느껴졌으나 지금 생각해 보면 교회는 집에서 10분 거리밖에 안 되었을 것이다. 같은 교회를 다니는 사람들이 이웃으로 살고 있었기에 동네는 비교적 안전한 편이었다.

우리가 다니는 세탁소도 슈퍼도 정육점도 다 교인이 하는 곳이었고, 동생이 다니던 선교원도 그 근처의 상가 건물에 있었다.

어떤 아저씨가 길을 물어왔다. 몇 살인지 도무지 가늠이 안 된다. 아이들은 어른의 나이를 짐작하기 어려우니까. 아빠보다는 젊은 아저씨였다고 기억한다.

○○ 교회가 어딘지 아니? 아저씨가 못 찾겠어.

저쪽에 있어요.(우리는 서서 그쪽을 가리켰다)

너희 참 착하구나. 자 이거 받으렴.(하고 100원인지 200원인지를 손에 쥐여 주었다) 아저씨가 혼자 못 찾아갈 것 같은데 혹시 조금 더 자세히 알려줄 수 있을까? 이쪽으로 해서 저렇게 가라는 말이니?

아니요, 그게 아니라요...

와, 너 정말 똑똑하구나, 아저씨 좀 데려다 줄 수 있어? 그러면 500원 더 줄게.

정확하진 않지만 아주 선명한 기억으로 남아 있는 대화다. 500원이면 당시 어린이에게는 꽤 큰 돈이었고, 가난한 우리에겐 더 큰 돈이었다.

나는 칭찬에 메말라 있는 애정결핍의 장녀였던 데다 똑똑하다는 말을 듣는 걸 아주 자랑스러워했다. 그리고 아저씨는 좋은 사람 같았고 길은 눈 감고도 찾아갈 만큼 쉬웠으며 동네는 안전했다.

그 아저씨랑 어떻게 해서 지하실인지 아니면 어떤 건물의 어두컴컴한 계단 아래인지로 들어가게 된 것인지 모른다. 기억에 없다.

어느 순간 나와 동생은 지하실 어두운 벽에 붙어 서로를 의지하고 바닥에 쪼그리고 앉아 있다. 아저씨는 동생에게 동전을 더 쥐여주며 "언니와 할 얘기가 있어서 그런데 눈 좀 감고 있어 줄래?" 했다.

그때부터 떨었던 것 같다. 동생은 순순히 눈을 감았다. 돈 때문에 말을 잘 들었던 것이다.

아저씨는 나에게 속닥이는 목소리로 자기 성기를 만져 달라고 했다. 그걸 나에게 내밀어 보이면서.

너무 두려워서 아무 소리를 낼 수가 없었다. 동생이 이걸 보면 안 된다고 생각했던 것 같다. 동생을 지켜야 한다고 생각했던 것 같기도 하고, 무서움에 목소리가 안 나왔던 것 같기도 하고, 모르겠다.

동생은 눈을 감은 채로 얌전히 있었을까? 나는 싫다고 했고, 아저씨는 한 번만 부탁한다고 하면서 잠시 조용한 실랑이가 오고 갔다.

그가 내 손을 잡아 자기 성기에 갖다 대자 나는 무서워서 큰 소리로 울기 시작했다. 으앙~하고 울음을 터뜨린 순간, 울음이 터지는 내 입속으로 그의 성기가 들어왔다 나갔다.

그 소름 끼치는 느낌을 지금까지 한 번도 잊은 적이 없다. 그때 동생이 눈을 뜨고 같이 울면서 더 크게 악을 썼고, 아저씨는 미안하다, 미안해. 하며 내 머리를 쓰다듬고는 어둠 속으로 도망쳤다.

거기에서 어떻게 나왔는지도 기억에 없다.
기억이 띄엄띄엄…

동생과 내가 다시 길을 걷고 있다. 다시 엄마를 찾으러 가는 길이고 우린 엉엉 울고 있었다. 그 모습을 본 이웃이자 교인인 어른이 "너희들 무슨 일이야?" 하고 물었는데 동생이 "어떤 아저씨가 언니한테…."라고 말하려는 걸 내가 막았다.

"엄마 찾으러 가요." 태연하게 말하고 동생 손을 잡아끌고 무작정 걸었다.

동생의 입단속을 단단히 시켰다. 엄마가 돌아와 무슨 일이냐고 물었지만 나는 대답하지 않았고, 동생도 말하지 않았다. 나는 엄마가 절대로 알면 안 된다는 생각을 했다.

왜 그랬을까?
겨우 여덟 살짜리 아이가 왜 엄마에게 이걸 숨기겠다고 작정했을까?

동전 몇 개에 정신이 팔려 낯선 사람을 따라갔다고 혼날 것 같았다. 엄마는 분명히 나를 혼냈을 것이다. 그게 뭔지는 몰랐어도 불결하고 더러운 행위에 내가 말려든 건 확실했다.

엄마는 나를 마구 혼내고 나서 내 자유를 빼앗겠지. 아니 사실을 알았다고 해도 엄마는 내 자유를 빼앗을 만큼 한가하지도 않았다. 가난한 엄마는 돈 버느라 바빠서 나를 보호할 수 없었다.

어린 나이에 그게 금지된 행위라는 것을 알았을까, 내 탓이라고 생각했을까, 내가 더러워졌다고 생각했을까…

아마 자라면서는 그 경험이 나를 더럽혔다고 생각했을 것이다. 그 어린 나이에 종교의 영향이 있었을 수도 있는지 잘 모르겠다. 교회에서는 여자의 존재 자체를 부정적으로 그리는 경우가 많기 때문에 설교를 들을 때마다 상처받고 자책했던 것 같다.

그때는 이런 일을 당한 어린아이에게 '그건 네 잘못이 아니야'라고 말해주는 어른이 지금보다 훨씬 더 적었다. 나는 결코 이 일에 관해 단 한 번도 그 누구에게도 말하지 않고 성인이 되었다.

30대 후반이 되어서 세상을 바꾸는 움직임에 동참하게 되었다. 아동 성폭력 피해자들의 이야기를 듣고 마음으로 연대하면서도 내 문제를 적극적으로 들여다볼 생각을 전혀 하지 않았다.

나도 아동 성폭력 피해자라고 생각하긴 했지만 그게 내 인생에 어떤 영향을 끼쳤을 것이라고, 그것도 결정적인 영향을 끼쳤을 것이라고까지 생각하고 싶지 않았다.

지금껏 잘 살아왔고, 서른이 훌쩍 넘어 마흔이 되는 나이에 희미해진 걸 끄집어내서 어쩌겠다는 것이냐 하는 생각이 들었던 것 같다.

어린 시절의 기억을 붙들고 거기서 헤어 나오지 못하면서 정신적 문제를 겪고 있는 사람들을 많이 알고 있다. 그들이 안타깝고 불쌍한 동시에 나는 절대로 그렇게 되고 싶지 않았다.

기억을 묻고 살았다. 나는 내 인생의 유일한 구원자여야만 했다. 성폭력 피해자들은 피해 사실을 없었던 것으로 만들고 싶어 하는 경우가 많다.

피해 당시에 관한 기억을 억압하거나 망각하는 것은 아동 성폭력 피해자의 가장 큰 방어기제이며, 따라서 겉으로 드러난 아동 성폭력 피해 규모라는 것은 빙산의 일각에 불과하다.

나 자신도 그렇게 많이 숨겨져 있는 이야기 중에 하나였다.

동생이나 내가 모두 나이 사십이 거의 다 되어서, 각자 딸들을 키우는 엄마로 살고 있을 때 동생에게 슬쩍 그날을 기억하는지 떠본 적이 있다.

동생은 아무것도 기억하지 못했다. 여섯 살은 너무 어리기도 하고, 그 일을 직접 겪은 것은 나지 동생이 아니기 때문에, 아마 동생은 단 며칠 사이에 그 일을 잊었을지도 모른다.

지금 생각해 보면 나는 내내 금쪽이였다. 동생을 원망하는 마음이 크게 자라나고 있었을 수도 있다. 그러나 동생이 함부로 떠벌리면 내가 나락으로 떨어질 것 같아서 동생의 기억을 억압하고는 아무일 없다는 듯 행동했다.

그랬으면서도 선교원에서 자기가 만든 작품을 자랑하며 선생님들의 사랑을 받고 엄마의 함박웃음을 독차지하고 있는 동생을 남몰래 미워했다. 나는 동생을 지키느라 모든 것을 혼자 감당했는데, 동생은 정말로 아무것도 기억하지 못한다는 듯이 웃고 있었으니까.

자라면서는 엄마를 원망한 것 같기도 하다. 길에서 만난 집사님이 우리가 울며 걷는 것을 보았고, 그 사실을 엄마에게 이야기했을 것이다.

엄마가 물어봤는데 내가 대답을 안 했어도 엄마는 어떻게든 알아낼 수 있었을 것으로 생각했던 것 같다. 내 입으로는 차마 말할 수 없지만, 엄마는 알아봐 주고 나를 도와주어야 했다.

겉으로는 여전히 착하고 든든한 맏딸이었지만 나는 나를 보호하지 않는 엄마에 대한 분노를 내면에 숨기고 자랐다.

나에게 가난도 결국 그런 의미다. 가난해서 뭘 못 가져서 서러웠던 기억보다 가난해서 방치되고 보호받지 못한 것이 서럽다. 공부를 많이 못 한 것, 유치원에 못 다닌 것, 학원 한 번 못 가보고 학창 시절을 보낸 것이 아쉬운 줄 알았는데 사실 내가 원한 건 관심과 보호였던 것이다.

모든 생각들이 희미하고 확신할 수 없게 뿌옇다.

그때 내 마음이 어땠는지, 동생이나 엄마를 원망한 게 맞는지, 착한 아이라는 칭찬이 버거워지기 시작했던 게 그즈음인지, 그때부터 세상을 보는 시각이 삐뚤어지기 시작한 건지, 이게 모두 나중에 덧붙여진 해석인 건지 아니면 진짜로 그때 내 마음이 정말 그랬던 것인지.

아무것도 알 수 없다. 확실한 것은 그때부터 뭔가가 변하기 시작했을 것이라는 점이다. 어린 내가 아무렇지도 않았을 리가 없다.

오늘 아침 이런 기억을 떠올리고 정리하면서, 오열하는 오은영 선생님의 모습을 상상했다. 선생님은 <금쪽같은 내 새끼> 스튜디오 왼쪽에 앉아 있고 나는 금쪽이가 되어 비밀의 방에서 코끼리한테 진실을 말하고 있다.

스튜디오가 울음바다가 된다. 아이가 얼마나 힘들었을까요…. 너무 마음이 아픕니다. 신애라 배우가 말한다. 금쪽아, 네 잘못이 아니야. 너를 지켜주지 못한 어른들이 잘못한 거야. 장영란 씨는 우느라고 차마 말을 잇지 못한다. 할머니가 된 내 엄마는 부모석에 앉아 이런 사실을 전혀 알지 못했다는 것에 충격받는다. 엄마가 눈물을 흘린다. 나는 여기까지 상상하다가 눈물이 쏟아졌다.

내 10대와 20대는 말할 수 없는 경험들로 가득 차 있다. 수치감과 분노, 억울함과 부끄러움이 섞여서 어둡고 컴컴한 지하실의 악취와 함께 묻혀 있다.

그러나 겉으로는 가족과 친구들, 학교와 직장에서 만나는 누구에게나 바르고 착한 사람이라는 이미지를 잘 구축해 왔다.

"사실은 제가 내면이 어두워요."라고 말하면 사람들은 내 겉모습을 보고 "그런가요?" 하고 눈을 동그랗게 뜨거나 "그렇군요."라고 심드렁하게 말한다. 내면에 어둠을 안 가진 사람이 어디 있겠냐며.

나는 필사적으로 내가 아동 성폭력 피해자가 아니며 그 사건은 존재하지도 않았던 것처럼 행동하려 애쓰면서, 혹은 그 사건이 내 인생에 끼친 영향이 조금도 없는 것처럼 겉을 꾸미고는, 동생이나 엄마가 알아주고 기억해 주기를 바라는 유년 시절 그 상태로 머물러 있다.

아무 문제도 없을 것처럼 사회생활을 잘해 나가면서도 누가 내 속마음을 알아차려 주지 않는 것이 그렇게 섭섭하다.

'여보세요? 저 죽어가고 있어요. 제가 사실은 환자예요. 제가 아주 아파요.'라고 말하고 싶을 때가 종종 있지만, 여전히 태연하게 사람들을 대한다.

얼마 전에는 "너 같은 부류가 진짜 모범생이지"라는 말을 들었다. "아니, 난 모범생이 아닌데"라고 말하면 모두들 웃는다.

"넌 모범생이야. 더욱더 모범적이어야 한다는 강박과 완벽주의 성향이 너를 겸손하게 만드는 거지. 네가 모범생이 아니면 누가 모범생이겠니? 진짜 문제아는 너 같지 않아."

삶을 정상 수준으로 끌어올려 보려는 나의 치열한 노력이 찬란히 빛을 내는 순간이다. 아무도 내 안의 어둠과 악취를 모른다. 나는 밝고 건강하며 매사에 자신감에 찬 모범생, 선생님, 투사다.

요즘처럼 취약할 때는 마음이 조금 삐뚤어진다.

"아니! 내가 문제아고 내가 금쪽이다. 그러니 모두 내게 관심을 가져. 내게 무슨 일이 일어나고 있는 건지 분석하고 금쪽 처방을 내놓으란 말이야!"

 이제 어른이기 때문에 사람들이 알아주는 게 중요한 게 아니라 나에게 무슨 일이 일어난 것인지 스스로 알아차리는 것이 중요하다는 사실을 안다.
 그러나 미처 자라지 못한 내 안의 어린아이는 사람들이 알아주길 원한다. 이 글을 쓰는 이유는 내 안의 여덟 살 금쪽이를 위해서, 그리고 마흔다섯 살의 나를 위해서다.
 많이 늦었지만, 지금이라도 말할 수 없는 비밀을 말하는 연습을 하려고 한다. 진실되게 나를 바라보기 위해서, 나를 용서하고 사랑하기 위해서다.

가난에도
깊은 의미가 있다

나는 왜 가진 것 없는 부모를 사랑하는가?

아빠가 코로나 중증 환자로 입원했다가 보름 만에 산소통을 들고 퇴원했다. 면회가 금지된 병실 안에서는 아빠가, 집에서는 엄마가 외롭게 떨어져 서로를 그리워하고 있었다.

그동안에 엄마와 아빠는 처음으로 영상 통화라는 것을 했다. 안부를 묻는 전화 끝에 엄마가 "우리 다음엔 영상 통화할까?"라고 했더니, 아빠가 "그래? 그럼, 지금 당장 하자. 빨리 끊고 영상으로 다시 걸어줘. 얼른!"이라고 했다는 이야기를 들었다.

며칠 전에 엄마는 딸과 사위, 손녀가 있는 데서도 아빠와 영상 통화를 했고, 통화 말미에 아빠에게 사랑해~하며 손가락 하트를 (엄지와 검지를 가로지르는 그 작고 귀여운 하트 맞다) 날렸다.

세상에나⋯ 얼레리꼴레리다. 아빠는 칠순이 넘었고 엄마도 올해부터 65세 이상 어르신 대열에 합류했다.

아빠는 평생 꿈을 좇았다. 아빠의 꿈은 엄마의 꿈이기도 했다. 엄마는 평생 일하며 아빠를 뒷바라지하고 두 딸을 혼자 키워내느라 뼈가 굵었는데, 가끔 크게 싸운 적은 있어도 아빠를 진짜로 미워하거나 원망하지는 않는 것 같다.

엄마는 당신의 삶이 의미 있다고 믿기 위해서도 아빠를 사랑해야 한다. 내가 부모님을 사랑하는 것과 원리가 비슷하다. 다만 남편을 사랑하는 엄마에겐 선택이 개입되어 있고, 부모를 사랑하는 나에게는 유전자의 압력이 크다는 점이 조금 다를 뿐이다.

어릴 때는 엄마 아빠를 원망하고 부끄러워했다. 유년 시절에서부터 대학 졸업 무렵까지, 돈을 벌어 스스로 삶을 개척할 수 있게 되기 전까지 내 인생은 우울하고 어두운, 길어도 너무 긴 터널 같았다.

나는 그게 다 아빠의 경제적 무능과 엄마의 종교적 신념 때문이라고 생각했고, 삶을 내가 치러야 할 벌이자, 재앙으로 여겼다.

가난한 환경과 부모의 못난 출신배경뿐만 아니라 유전자 자체를 저주한 때도 있었다.

삶이 고통스럽고 자존감이 낮으면 내 못난 모습이 아빠나 엄마에게서 온 것 같아 화가 났다.

지금은 세상 사람들 아무도 알아주지 않을 뿐 아니라 자식들도 절대 인정 못 하는 두 사람만의 세계관 속에서 한 몸처럼 알콩달콩 살아가는 엄마 아빠를 보면 그저 재밌다는 생각이 든다.

아빠의 퇴원을 축하하며 온 식구가 함께 밥을 먹으면서는 행복하고 감사하다는 생각까지 했다. 이 여유로움과 평화는 대체 어디에서 온 것일까?

다른 집 아빠들은 책임감도 있고, 돈도 잘 벌고, 재산도 잘 모으고 부인과 자식들에게 좋은 집과 안락한 환경, 양질의 교육 같은 것을 주지 않나? 어린 마음에 세상을 이렇게 보았다.

세상엔 멋진 아빠도 많고 그만큼 멋진 남자도 많을 것이라 믿을 때였다. 그러나 현실에는 다양한 아빠들이 있다. 돈을 잘 벌어오는 아빠 중에는 가족에게 안락한 환경을 제공하는 대가로 부당한 힘을 행사하는 부류도 많다. 또 다른 아빠들은 무능한 데다 자존감까지 낮아서 폭력을 쓰고 가족들을 학대하고 착취하기까지 한다.(물론 엄마도 다 같지 않다)

아빠는 무능할지언정 폭력적이지는 않았고, 어린 내게 솔직한 생각을 털어놓기도 하는 인간적인 사람이었다. 그래서 아빠를 미워하면서도 종종 연민의 감정을 느꼈다.

나는 아빠의 유전자를 90% 이상 가진 것처럼 아빠를 많이 닮았다. 외모부터 성격, 입맛과 버릇까지 다 닮았다. 그래서 엄마의 관절염보다도 아빠의 고혈압이 더 걱정되기도 한다. 내가 물려받을 가능성이 크니까.

지금껏 살아오면서 아빠를 원망하는 마음이 크면 술을 마시거나 길을 헤매거나 일을 그르치면서 자해했고, 내 일이 잘 풀리고 자존감이 높아지고 스스로를 사랑하게 되면 아빠를 이해하고 용서하는 마음이 들었다.

작년까지 자존감이 바닥을 치고 우울감에 시달리다가 최근에 다시 영혼의 빛을 찾아 의식이 떠오르는 경험을 하고 있다. 아빠가 좋은 걸 보면 내 정신 건강에 청신호가 켜졌다는 뜻이다. 아빠를 좋아한다는 건 내 못난 점까지도 너그럽게 보기 시작했다는 뜻이니까.

그러고 보면 아빠는 참 팔자가 좋다. 생계를 제대로 책임져 본 적이 없고 평생 꿈을 꾸며 살아도 엄마가 평생 옆에서 응원하고 지지해 왔다. 아빠의 무능 때문에 20대 초반에 수천만 원의 빚을 짊어져야 했던 맏딸조차 아빠를 미워할 수 없으니 말이다.

재밌는 건 이런 팔자조차도 아빠를 닮은 건지, 나 역시 내가 무슨 꿈을 꾸고 이상을 좇든지 묵묵히 지지하고 생계를 책임지며 가사와 육아를 담당해 주는 배우자와 함께 살고 있다는 것이다. 내가 그렇게 원망하던 아빠의 나태함, 이상주의, 경제적 무능도 닮았다.

그런데 살아보니 그건 게으름도 아니고 무능도 아니었다. 그저 먹고사는 문제에 초연해질 수밖에 없을 만큼 머릿속에서 엄청난 일들이 일어나고 있는 것이다.

나는 20대에 5년 동안 4천만 원의 빚을 갚았을 정도로 성실하고 책임감 있고, 경제적으로 능력이 있는 사람이다. 그럼에도 돈만 벌며 살기에는 인생에 의미가 없으니 그놈의 의미를 찾아 안정적인 삶을 때려치우고 무모한 삶의 실험에 나섰다. 이런 점이 아빠와 똑 닮았다.

아빠가 좋은 집안에서 태어나 좋은 교육을 받았다면 무능한 이상주의자가 아니라 세상을 바꾸는 이상주의자가 되었을지도 모른다. 나는 아빠보다 운이 좋아서 한동안 세상을 바꾸는 이상주의자로 살아보는 행운을 누렸다.

아빠의 삶이 잘못되었다고 말하려면 내 삶도 조금은 수정해야 하는데, 나는 내 삶을 수정하기가 싫다. 그래서 자꾸만 말이 길어지는 것이다.

사랑은 아래에서 위로 거슬러 오른다

'내리사랑'은 진실일까? 사람들이 일반적으로 믿고 있는 것과 달리 부모는 자식을 사랑하지 않을 수도 있다. 많은 부모가 준비 없이 아이를 낳고 방임하고 학대하며 종종 영아살해가 일어난다는 사실이 내리사랑이 틀렸을 수도 있다는 걸 암시한다.

제 뱃속으로 낳은 자식이라 해도 꼭 같은 마음으로 대하지 않는 부모도 많다. 깨물어서 덜 아픈 손가락, 더 아픈 손가락도 있다.

자식을 사랑한다고 하면서도 실패한 삶의 습관을 물려주는 부모도 많다. 가족력은 부모가 자식에게 잘못된 식습관과 생활 방식을 물려준다는 증거다.

수많은 부모가 자식을 잘 키우고 싶어 하면서도 공부하지 않는다. 적절한 훈육과 육아를 배우지 않고 섣불리 아이를 다루다가 망쳐버리고, 망친 아이는 버리고 절연하기도 한다.

반대로 자식은 반드시 부모를 사랑한다. 구조가 그렇게 되어 있다. 부모 자식 사이의 사랑이란 보통 사람들이 생각하는 것처럼 위에서 아래로 흐르는 강물이 아니다. 부모가 강물이라면 아이들은 그걸 거슬러 올라가는 연어다.

학대받는 어린아이들은 극단적인 상황에서도 부모에게 매달리고 부모에게 안기고 싶어 한다. 엄마에게 사랑을 갈구하고 아버지의 비위를 거스르지 않기 위해 눈치를 살핀다.

부모를 미워하는 마음은 자기혐오로 이어진다. 그렇기 때문에 우리는 부모를 미워하기 힘들다. 부모의 삶에 반기를 들던 사춘기 반항아들이 자라서 성인이 되고, 중장년이 되면 부모를 용서하고 받아들이는 것을 본다. 그게 자신을 있는 그대로 받아들이고 긍정하는 가장 손쉬운 방법이기 때문이다.

부모를 받아들이고 나면 자식은 부모의 삶을 물려받을 가능성이 높아진다. 많은 사람들이 그렇게나 싫어하던 부모의 삶을 판

박이처럼 반복하고 부모의 습관을 물려받는다.

이렇게 구조적으로 부모는 유리하고, 자식은 불리하다. 이미 승기는 부모가 쥐고 있는 것이나 마찬가지다. 부모가 "너도 너 같은 자식 한 번 낳아봐라."하면서 당당한 이유도 여기에 있다.

나중에라도 부모를 사랑하고 용서하며, 그 삶의 방식을 받아들일 수 있는 자식들은 복을 받은 것이다. 세상엔 그렇지 못한 사람, 그럴 수 없는 사람도 많다.

부모를 절대로 용서할 수 없는 사람도 있다. 제 부모를 사랑해야만 자기를 사랑할 수 있게 구조 지어진 관계를 부정하려니 우울증을 비롯해 여러 형태로 마음의 병을 앓을 확률이 높아진다.

그러니 패륜을 저지르는 사람은 이미 지옥 속에 살고 있다. 자존감이 높고 자기애가 넘치는 사람은 결코 브모를 죽이지 않는다.

부모가 비윤리적이고 타락한 사람일 때 그 자녀는 자기의 핏줄을 의심하고 또 의심하게 된다. 부모의 삶을 자라가지 않기 위해 강박적으로 자기를 검열하고 행동을 통제할 것이다.

이런 삶은 처음에는 괴롭겠지만 일단 자기를 사랑하는 일에 성공하면 자존감이 높아질 것이다. 부모가 준 삶의 조건을 뛰어넘어 자기 삶을 개척했으니까 좋은 환경에서 자란 사람보다 더 확신에 차고 강인할 수 있다.

그러나 뼈를 깎는 노력이 없다면 대부분 부모와 비슷한 길을 가게 될 것이다. 유전자 때문이 아니라 환경적인 요인 때문이다. 알코올 중독에 폭력 가장인 아버지를 이해해 버린 아들은 똑같이 알코올 중독에 폭력 가장이 된다.

부모의 비윤리적이고 타락한 모습을 물려받은 자식도 지옥에 살고 있다. 그런 삶을 좋은 것이라고 여기는 사람은 세상에 아무도 없기 때문이다. 이런 자식들은 영문도 모르고 고통스러운 삶을 반복하고 또 그것을 자기 자식에게 물려준다.

부모를 미워하는 사람이 자기를 사랑하기는 쉽지 않다. 부모를 원망하며 자기를 사랑하기 위해 애쓰는 사람은 그렇게 되려고 노력할 뿐 무지개를 잡으러 떠나는 사람처럼 결코 도달할 수 없는 목표를 향해 있다. 겉으로는 평화로워 보여도 그 마음속은 치열한 투쟁으로 가득할 것이다.

부모를 사랑하고 용서하고 받아들이는 게 자연스럽다는 게 아니다. 부모를 미워할 수밖에 없고, 그래서 자기를 혐오하고 학대하면서 살아갈 수밖에 없는 사람들에게 동정과 연민을 표현하고 싶다.

자기를 학대한 부모와 화해할 수 있다면 좋겠지만, 그렇게 하지 못한다고 해도 자기혐오에서 벗어날 수 있는 방법이 있을까?

쉽지 않지만 가능하다. 우선 부모를 대체하여 친밀감을 나누고 정신적, 심리적으로 지지해 줄 사람을 찾아야 할 것이다. 많은 사람들이 배우자를 통해 지지와 안정을 찾으려 하고, 이런 시도는 때때로 성공한다.

유명 연예인들의 이야기나 주변의 몇몇 성공 사례를 들어보면 결혼이 탈출구이고, 배우자가 구원자가 될 수 있을 것 같다. 그러나 자기를 혐오하는 사람은 좋은 배우자를 만나기도 힘들고, 좋은 사람을 만나더라도 상대방을 힘들게 해서 헤어질 확률도 높다. 그러니 사실상 그리 쉬운 방법은 아니다.

스스로 어둠의 우물 속에서 자기를 길어 올릴 힘과 의지를 가지고 있는 사람이어야 좋은 배우자를 만날 수 있다. 그런 사람은 행운을 타고났다. 원래부터 좋은 부모 아래 자라 명랑한 사람과는 차원이 다른 강인함이다. 이런 사람의 내면은 강철처럼 단단하고 그 눈은 샛별처럼 빛난다.

학대당한 아이 중에 자기 삶을 구원하는 데 성공한 사람은 외롭고 치열한 내적 투쟁을 거친 사람들이다. 내 존재에는 무슨 의미가 있고, 삶이란 무엇이며, 왜 살아야 하는가에 관해 평생토록 질문하고 답을 찾아온 사람들이다.

나 역시 내가 나이를 먹어서 자연스럽게 부모의 삶을 받아들였다고 생각하지 않는다. 평생에 걸친 방황과 반항과 질문과 투쟁이 있어서 비로소 부모의 삶과 나의 삶을 분리해서 볼 수 있게 되었다.

평생의 질문이란 무엇이었을까? 어떻게 하면 좋은 삶을 살 수 있는지, 어떤 삶이 좋은 삶인지, 나는 나를 좋은 사람이라고 할 수 있는지, 지금도 답을 찾아 나가고 있다.

아직 답을 다 찾은 것은 아니지만 분명히 말할 수 있는 것이 있다. 좋은 삶은 결코 부모에게서 오지 않는다는 것이다. 좋은 삶은 매 순간 치르는 내적 투쟁과 진지한 성찰에서 비롯된다.

깊은 막장에서 저 높은 영靈을 향하여

아빠는 논산의 무지렁이 농사꾼 할아버지의 셋째 아들이다. 엄마를 만났을 때만 해도 그저 놀기 좋아하는 청년 건달이었다.

새파란 나이에 허리 수술을 크게 해서 군대도 못 갔고 술과 담배, 친구를 좋아해 밖으로 돌다가 무슨 천운인지 팔자인지 그림같이 이쁘고 신실한 엄마를 만났다. 두 분이 믿고 있는 대로 하나님의 뜻이겠다.

평생 무능했다지만 사실 젊을 때는 우리 아빠도 부실한 몸으로 안 해본 일이 없다.

내가 태어난 뒤로 아빠는 광부가 되었다. 아빠와 엄마는 탄광이 돈이 된다는 말을 듣고 강원도 사북으로 살러 갔다. 아빠가 막장에서 일하고 엄마가 석탄 먼지 속에 빨래하고 밥 짓던 시기에 동생이 태어났다.

석탄 캐는 일이 무슨 돈이 된다고, 오죽하면 막장 인생이라는 말도 있는데…. 기술도 배운 것도 없이 촌에서 농사짓기는 죽어도 싫었던 아빠는 힘한 일을 하더라도 당장 돈을 손에 더 쥐고 싶어 했다.

아빠는 엄마가 교회 가는 걸 싫어하고, 엄마는 아빠가 술 마시고 담배 태우는 걸 싫어했다. 남자들이 목숨을 걸어 놓고 일하는 거친 동네에서 가부장제는 더 강력하고 질기다. 아빠도 환경의 영향을 받았다. 그러나 할머니를 닮은 엄마는 결코 호락호락한 성격이 아니라 매번 아빠와 맞붙어 싸웠다.

어느 날, 아빠는 술에 잔뜩 취해 탄광촌을 걸었다. 사는 게 그렇게 힘이 들더란다. 산동네 언덕을 올라가는데 뾰족한 첨탑 붉은 십자가에 눈이 갔다. 알 수 없는 눈물이 흘렀다. 교회에 가까이 가니 찬양 소리가 들려왔다.

아빠는 그날부로 신자가 되었다. 엄마의 믿음과 정성이 아빠를 타락의 삶에서 구원하는 순간이었다. 아빠는 깊은 눈물로 회개하며 기도했고, 신을 영접했다.

성경에는 아브라함이 백 살에 얻은 아들 이삭을 하나님께 바치는 장면이 나온다. 기독교에서 첫 열매는 하나님의 것이라며 매해 첫 수확물을 신에게 바치는 풍습이 있다. 아빠는 개심改心한 기념으로 자신의 첫 열매인 나를 하나님께 바치겠다고 기도로 맹세했다.

내가 자라는 동안 아빠는 종종 그때 그 기도 이야기를 했다. 한창 반항심이 솟을 때는 그렇게 듣기 싫어했던 이야기지만, 지금 생각하면 아빠가 표현을 잘 못했어도 나를 귀하게 여기고 사랑했다는 증거가 아닐까 싶다. 내가 귀한 딸이라는 증거는 이렇게 조각조각 흩어져 숨은그림찾기처럼 박혀 있다. 한창 예민한 사춘기 시절 나는 이런 증거를 애써 모으며 자존감을 챙겼다.

막장의 삶은 생각보다 비참했다. 우리가 잠시 사북에 살 때 '사북사태'가 일어났고(탄광 노동자들의 집단 시위로 지금은 사북 항쟁이라고 부른다), 아빠는 혀를 내두르며 짐을 쌌다.

동생이 두 살, 내가 세 살쯤 되었을 때 우리 가족은 인천으로 이사했다. 사북에서 이사 나오던 날 기차역에서 찍은 사진이 남아 있다. 동생과 내가 제일 좋아하는 어릴 적 사진이다.

사북에서 다니던 교회 목사님이 인천으로 이사해 교회를 세우면서 교인들 몇이 따라왔다고 한다. 이렇게 우리 가족은 연고가 없던 인천에 터를 잡게 되었다.

인천에 와서 기억하는 아빠의 첫 직업은 목수였다. 막노동자라고 하기에는 현장에서 어깨너머로 익힌 기술로 나중에 혼자 시골에 집을 지을 정도였으니 실력이 나쁘진 않았던 것 같다. 내 좋은 머리는 아빠에게서 온 게 틀림없다.

학교에 부모님의 직업을 써낼 때 막노동한다고 하지 않고 목수라고 쓰라는 아빠의 목소리에 자부심이 배어 있었다. 아빠는 예수의 아버지 요셉이 목수였다는 사실을 자주 강조했다.

아빠는 목수가 허리에 두르는 연장 벨트를 매고 집에 왔다. 시커멓게 타서 먼지와 땀으로 범벅되어 돌아오면 방에서 놀던 동생과 내가 신나서 뛰어나갔다. 동생이 아빠 품에 쏙 안기며 애교를 부리면, 나도 사랑 좀 받아보려 그 옆에서 아기 같은 표정을 짓고 코맹맹이 소리를 내곤 했다.

어느 날 아빠는 조금 낯선 모습으로 왔다. 얼굴이 붉고, 술 냄새가 짙게 났다. 내가 뭘 좀 알 만한 나이가 된 후로 아빠는 술과 담배를 끊고 주일마다 깔끔한 옷을 입고 교회에 나갔기 때문에 술에 취한 아빠의 눈빛은 처음 보는 것이나 마찬가지였다. 아직도 검게 그은 피부, 붉어진 얼굴, 짙은 술 냄새와 흐려진 눈빛을 감추

려는 듯한 아빠의 어색한 행동이 생생히 떠오른다. 이게 내가 처음이자 마지막으로 마주한 아빠의 취기였다.

아빠의 삶에서도 그날이 꽤 충격적인 날이었나 보다. 한참 시간이 지나서도 간혹 이야기를 꺼냈기 때문에 내가 그 일을 오래오래 기억하는 것인지도 모른다.

막노동 현장에서 남자들은 거칠었다. 매일 고된 노동을 하면서 새참으로 막걸리 몇 잔, 일이 끝나 일당을 받으면 소주에 삼겹살이라도 해야 집에 가는 것이 그들의 삶이다. 집으로 돌아가는 길에 처자식 먹인다고 호떡이라도 사서 들어간다면 양반이나, 어떤 이는 심기를 거스른다며 아내를 패고 아이들에게 술 심부름을 시키며 왕처럼 행세했을 것이다.

아빠는 신을 영접하고 영적인 생활을 시작한 지 얼마 안 되었을 때라 은혜가 넘쳤다. 막노동꾼치고는 꽤 잘생긴 외모에 늘 깔끔한 모양새로 일을 나갔다. 담배도 태우지 않고, 술도 멀리하고, 거친 말도 쓰지 않았을 것이다.

점심 먹을 때 동료들이 연신 술 한 잔을 권했다. 아빠가 거절하면 더 심하게 술을 권했다.

한 잔은 마셔도 된다, 취하지만 않으면 되지, 분위기 좀 맞춰 봐라, 딱 한 잔 만이다, 하나님도 이 정도는 이해해 주실 거다, 안 마셔도 되니 받기라도 해라….

어헛! 큰성님이 생각해서 따라 주시는디 끝까정 사양하는 것도 예의는 아니여~! 입이라도 대야제!

애초 맛을 몰랐다면 모를까, 한 때 유흥깨나 즐긴 아빠에게 그건 꽤 큰 유혹이었다. 분위기 맞추어 사람들 기분 상하지 않게 딱 한 잔만 받는다는 것이 두 잔이 되고, 석 잔이 되었다.
그러자 남자들은 아빠를 비웃기 시작했다.

그것 봐. 어차피 마실 거면서 잘난 척하기는… 네가 그러고도 교인이냐?

한 번 유혹에 넘어간 이후로 아빠는 스스로를 용서할 수 없었고, 하나님을 바로 볼 수 없었고, 동료들의 멸시는 더욱 심해져서 사회생활 하기가 힘들었다고 한다.

야, 웃기지 말고 오늘도 한 잔 받어. 너 원래 이런 놈이잖아.

아빠는 이런 이야기를 어린 나에게 해 주었다.

안 그러던 사람이 작정하고 믿음을 가지려고 하면 마귀는 시험하려고 든다. 거기에 한 번 넘어가면 세상은 너를 더더욱 비웃고 괴롭히려 들 거야. 그걸 견디지 못하고 과거로 돌아가 버리면 다시 지옥 속으로 빠지는 거지.

내가 많이 어릴 때도 아빠는 자기의 속마음을 이야기하거나, 어떤 물건을 사용하는 방법을 세세하게 설명해 주고, 종종 여행 중에 박물관에 들르면 아이처럼 즐거워하는 호기심을 보여주었다. 세상에 대한 나의 호기심이나 솔직하고 진솔한 태도는 아빠에게 배운 것이다.

아빠는 목수 일에 꽤 소질이 있었지만, 허리가 안 좋기도 하고 거친 사회생활에 적응을 못 하기도 해서 결국 오래 못 갔다. 엄마도 공장 같은 데 다니며 직장 생활을 하기보다는 시장에서 장사를 하거나 파출부를 나가는 편을 선택했다. 신앙이 없는 사람들 사이에서 지내는 걸 힘들어했기 때문이다.

가게가 딸린 단칸방에 살 때는 우유 대리점을 잠깐 하기도 했다. 말이 대리점이지 아빠는 직원 하나 없이 매일 거래처에 우유를 나르는 배달부나 다름없었다. 우리는 딸기우유, 초코우유를 실컷 먹었다.

이때쯤 가까이에 살던 삼촌(작은아버지)도 아이스크림 대리점을 했는데 가끔 재고라면서 하드나 쮸쮸바를 한 박스 가져다가 냉동실에 꽉 차게 넣어줄 때가 있었다. 그때 동생과 나는 세상에서 제일 부자가 된 기쁨을 누렸다. 재고가 뭔지 몰랐지만, 늘 재고를 기다렸다.

아빠는 배달의 기술을 살려 오토바이를 타고 한겨울 내내 기름을 실어 나르는 석유 배달부 일도 잠깐 했다. 서울 석계역 부근에 고모네 집이 작은 석유 가게를 했는데, 그때는 기름 보일러를 쓰는 집이 많아 겨울이면 배달이 바빴다.

이때 아빠는 주말에만 집에 왔다. 가끔 고모가 챙겨 보내는 간식이며 장난감 때문에 나와 동생은 아빠를 손꼽아 기다렸다.

아빠를 따라 고모네 집에 몇 번 갔던 것도 기억난다. 동암역에서 석계역까지는 전철을 타고 한참을 가야 한다. 나중에 대학생이 된 후, 군대 간 남자친구 면회를 하러가느라 혼자서 의정부까지 전철을 타 보았는데, 그 때 석계역을 지나며 새삼 놀랐던 기억이 있다. 이렇게 멀었나.

고모네 집은 1층짜리 상가 건물로 석유 가게에 달린 단칸방이었다. 이 집엔 특이하게 벽장이 있었는데 벽장 구멍이 작고 높아 어린아이가 드나들기에 재밌었다. 다락처럼 생기진 않았고, 말 그대로 벽장이다. 벽장이 꽤 커서 아이들의 방으로 썼다.

작은 거북이 몇 마리를 키우는 단칸방에서 석유 장사를 하며 알뜰살뜰 돈을 모으던 고모네는 나중에 두 아들의 대학 공부도 시키고 서울에 꽤 큰 아파트도 마련해 살 정도는 되었다.

아빠는 우리에게 다정해서 우리는 주로 아빠와 놀러 다녔다. 엄마는 돈 버느라 바빠서 아빠에게 우리를 맡기고 늘 일을 했다.

동생은 아빠의 앞에, 나는 뒷자리에 앉아 오토바이를 타고 제법 거리가 있는 경서동 쪽으로 나들이하러 갔다. 헬멧도 쓰지 않았는데 아빠의 허리를 잡은 손을 놓고 뒷자리에서 만세를 하며 스피드를 즐겼다. 지금의 안전기준에 대면 아찔하기 짝이 없는 일이다.

그땐 인천 서구가 개발되기 전이라 온통 논밭이었다. 푸른 초원에서 메뚜기를 실컷 잡아 사이다 페트병에 담아 왔다. 아빠가 그걸 튀겨 먹겠다고 기름 솥에 넣었는데 메뚜기들이 살겠다고 집 사방으로 튀어 나갔다. 동생은 튀긴 메뚜기에서 치킨 맛이 난다며 열심히 주워 먹었지만, 나는 입을 댈 엄두가 나지 않았다.

내가 4학년이나 5학년쯤 되었을까? 아빠는 뻥이요!를 외치는 뻥튀기 아저씨가 되기도 했다. 하필이면 내가 다니는 학교 근처에서 뻥이요!를 외쳐 아이들의 관심을 끌었다.

나중에 커서 듣기로 엄마가 어느 날 꿈을 꾸었는데 아빠가 뻥튀기를 튀기더란다. 마른 강냉이를 넣고 기계를 돌리며 뻥이요!를 외치면서 돈을 쓸어 담는 꿈이었댔나.

아빠는 그 말만 듣고 며칠 뒤 진짜로 리어카에 뻥튀기 기계를 싣고 길로 나섰다. 엄마조차 아빠의 행동력에 할 말을 잃었다.

우리 집은 이후로 돈을 쓸어 모은 게 아니라 동전을 쓸어 모았다. 집에 동전이 넘쳤고 매일 저녁 동전을 세는 게 일이었다.

그때 뻥튀기 한 봉지가 얼마였을까? 사람들이 각자 집에서 옥수수나 쌀, 보리 말린 것을 들고 오면 분유 깡통에 담아 계량하여 튀겨주는 것이었다. 100원, 아니면 200원이었을 것이다. 뻥튀기 아저씨가 된 아빠가 부끄러워 나는 길을 돌아 집에 갔고, 엄마도 부끄러움에 교회에서 어깨를 펴지 못했다.

허리가 아파 험한 노동을 못 하고 진득한 직업 한 번 못 가져 본 아빠가 모처럼 열정적으로 돈을 벌겠다고 길에 나선 것이니 엄마는 말리지도 못하고 속을 태웠다고 한다.

엄마는 자기가 길바닥 포장마차에서 핫도그나 꽈배기를 튀겨 팔긴 해도 아빠가 그런 일을 하는 것은 유난히 부끄러워했다. 그게 엄마의 문제다.

아빠는 동네를 이리저리 돌며 자리를 잡고 뻥을 튀겼는데, 어떤 때는 내가 학교에서 집으로 가는 길목에 자리 잡고 장사를 할 때도 있었다. 나는 아빠를 뻔히 보고 모른 척할 수도 없어 짐짓 괜찮은 척 아빠! 하며 달려갔고, 뒤이어 온 친구에게 우리 아빠라고 소개했다.

아빠는 나중에 몇 번 그 이야길 했다. 아빠를 창피해할 것으로 생각했는데 아무렇지도 않게 친구들이랑 인사를 해서 놀라고 고마웠다고. 아니, 그러게 아빠는 왜 굳이 내 학교 앞에서 뻥을 튀기고 있었느냐고요. 내가 창피해할 걸 알면서… 내가 어릴 적부터 부모의 입장을 배려하는 사려 깊은 딸이었다던 우리 아빠는 이렇게 답답하고 이기적인 면이 있었다.

6학년이 되었을 때 반전이 일어났다. 아빠와 엄마가 내가 다니는 학교 바로 앞 번듯한 건물에 세를 내고 '슨서교재간행사'라는 종교 서적 출판사의 총판을 연 것이다.

아빠는 뻥튀기 아저씨에서 단박에 사장님이 되어 단정한 정장 차림으로 넥타이를 매고 영업을 다녔다. 엄가도 멋진 투피스에 구두를 신고 열심히 책을 팔러 다녔다.

영업 사원도 여럿이었다. 주 종목이 성서 교재인 만큼 영업 대상은 목사, 전도사, 신학생, 장로, 권사, 그리고 수많은 신실한 성도들이었다.

그때만 해도 전집류 도서의 방문 판매가 활발했다. 전집은 비싸기에 할부 판매를 했다. 영업사원들은 이 집 저 집 다니며 책을 선전하고 교육열 높은 엄마들이 자녀를 위해 수십만 원을 쓰도록 만들었다. 웅진 대백과로 유명한 웅진출판사가 지금의 웅진 그룹을 만들었으니, 당시 전집이 얼마나 잘 팔렸는지 알 수 있다.

웅진출판사는 전집도서 방판 기술의 노하우를 연장해 웅진코웨이를 운영했다. 방문 영업 사원들이 정수기 렌탈 서비스를 판매하고 정기적으로 방문하여 관리하는 사업으로 확장한 것이다.

우리 아빠는 영업에는 영 소질이 없었기에 사업을 확장하기는커녕 오히려 목사님들을 만나고 다니면서 신학교 진학을 영업 당했다.

그래서 내가 중학생이 되던 해, 아빠는 신학생이 되었다. 총판 사업이 여의치 않아지자, 아빠가 다시 뻥튀기 아저씨가 되는 꼴을 절대 두고 볼 수 없던 엄마는 아빠를 기꺼이 신학교에 보낸 것이다.

아빠는 목사님이 되어야 했다. 그건 아빠의 꿈이기 전에 엄마의 꿈이었다. 일할 수 없는 몸, 연이은 사업 실패, 지독한 가난, 순수한 믿음과 이에 대한 이웃의 멸시와 조롱이 모두 한마디로 정리되었다.

하나님의 뜻

하나님의 뜻이다. 하나님이 이 길로 갈 수밖에 없도록 만들어놓은 것이다. 우리가 아무리 평범하게 살고자 해도 안 되는 이유는 아빠가 하나님의 종이 될 운명을 타고났기 때문이다.

이제 하나님이 정한 길을 가면, 이후는 하나님의 뜻대로 모든 것이 예비되어 있을 것이다. 하나님은 우리를 가장 낮은 곳에서 가장 높은 곳으로 끌어올려 끝내 영광을 드러내실 것이다.

이런 말을 할 때 엄마와 아빠의 눈은 믿음으로 빛났다. 어린 나도 기대에 부풀었다. 우리는 바퀴벌레가 기어다니는 반지하 단칸방에서 천상을 꿈꾸었다.

막장 속에서도 영혼의 문제를 탐구했던 아빠와 엄마가 선택한 삶이었다. 나와 동생은 그 뜻에 따라 살게 되었다.

그전에도 우리 가족은 충분히 가난했지만, 비참하다고 할 정도는 아니었다. 그러나 아빠가 신학생이 되던 1993년부터 끝을 알 수 없는 긴 터널이 시작되었다.

아빠는 돈을 벌지 않을 이유가 생겼고 가족을 먹여 살리는 책임에서 벗어났다. 엄마는 아빠를 뒷바라지하며 홀로 두 딸을 키워내야 했다.

이제부터 우리 집은 아무리 발버둥쳐도 가난할 것인데 돈을 벌어야 할 아빠가 엄마에게 용돈을 받아쓰기 시작했기 때문이다. 하필이면 이때가 내가 사춘기에 접어들 때였다. 유년 시절이 가난했다면 청소년기는 비참했다.

1994년, 너무 덥거나 너무 아프거나

1997년이 IMF로, 2002년이 월드컵으로 기억된다면 1994년은 무더위로 기억된다. 오죽 더웠으면 당시를 살았던 모든 사람의 기억 속에 남았고, <응답하라 1994>라는 드라마까지 만들어졌다. 그해 더위를 유난히 기억하는 사람들 안에 나도 있다. 그러나 내가 1994년을 생생히 기억하는 건 무더위 때문만은 아니다.

한국 사람들이 집과 공공시설에 강박적으로 에어컨을 갖추기 시작한 것은 1994년의 무더위에서 비롯된 것이다. 그때 나는 사춘기의 정점에서 스스로를 지키기 위한 껍질을 강박적으로 만들어 냈다. 한창 예민한 중3이었다. 타고나길 성격이 순한 편이고 이렇다 할 말썽을 부린 적도 없어서 원만한 사춘기를 지냈다고 생각했지만, 지금 와서 돌아보면 그렇지 않다.

그땐 집이 두 개라 평일에는 인천에서 지내고, 주말에는 파주에서 살았다. 아빠의 낡은 봉고를 타고 일 년 내내 인천과 파주를 오갔다. 토요일 오후, 학교 앞에는 에어컨이 고장 난 봉고가 기다리고 있다. 나와 동생은 '더위사냥'으로 좀처럼 잡히지 않는 무더위를 사냥하며 파주에 있는 '세컨드하우스'로 주말살이를 떠났다.

파주 1994

주말에는 파주 시골 교회에서 예배하고, 금촌 시내에 나가 목욕도 하고, 엄마 아빠와 모처럼 삼겹살도 구워 먹기도 하면서 시골 아이처럼 지냈다.

마당에는 꽤 큰 잔디밭이 있고 우리가 살던 교회 뒤로는 텃밭이, 그걸 넘으면 바로 얕은 산이었다. 밤을 주워 먹고 고구마를 심어 먹고 각종 채소를 길러서 가난한 밥상을 채웠다.

희한하다. 30년쯤 지난 후에 이렇게 글자로 늘어놓고 보니 꽤 낭만적으로 보이지 않는가? 요새 사람들은 일부러라도 체험하려고 하는 세컨드라이프다. 자연 친화적이고 소박한 산생활이다. 돈 주고 못 살 경험이다.

지금이라면 전원생활도 나쁘진 않다고 생각하지만 그땐 너무 가난했기에 낭만이라고는 별로 없었다. 파주의 겨울은 너무 춥고 여름은 너무 더웠다.

그해 여름은 정말이지 지긋지긋하게 덥고 우리 가족은 찢어지게 가난했기에 불쾌지수가 급격히 올랐다. 엄마와 아빠는 종종 가문의 원수처럼 싸웠다.

새벽에 대북 방송으로 시끄러웠고 골목길을 지나 포장된 도로로 나가면 군용차가 다니고 행군하는 군인들과 마주쳤다.

부모님 곁에서 엄마 밥을 먹으며 단 이틀 밤을 잔다. 월요일 꼭 두새벽에 일어나 엄마가 만들어준 일주일 치 반찬을 챙겨 파주에서 인천까지 등교했다.

월요일 아침에는 자유로에서 빠져나오는 길에 차가 너무 많았기에 아빠의 봉고는 끼어들기를 시도하다 가끔 경찰 단속에 걸리곤 했다.

우리 차를 세워 놓고 다른 차의 딱지를 처리하느라 바쁜 경찰을 따돌리고 도망가는 아빠. 우리가 지각할까 봐 그렇다는 게 아빠의 핑계였지만, 사실 딱지를 떼면 낼 돈이 궁해서 그렇다는 건 그때도 알았다.

파주로 이사 간 첫겨울에 당장 잠들 방이 모자라자, 아빠는 꽁꽁 언 땅에 장작불을 지펴 표면을 녹이고 평평하게 다졌다. 값싼 목재를 사들여 기둥을 세우고 천장을 얹고 방에 보일러를 시공하고 창문과 문을 다는 작업을 아빠가 혼자서 다 했다.

아니, 내가 아빠의 조수였다. 공사판에서 그렇게 하듯 드럼통에 장작불을 피우고 언 손을 녹여가며 일주일이나 열흘 정도를 고생했던 것 같다.

중학교 겨울 방학은 친구들과 모여 앉아 만화책이나 읽고 라면이나 끓여 먹으면 좋았을 때지만 나는 추위 속에서 아빠와 함께 집을 지었다.

내가 아빠 옆에서 남는 나무토막에 어설픈 솜씨로 못질하거나 대패질을 해 보려 하면 아빠는 나에게 도구를 다루는 방법을 자세히 알려주었다.

이때 아빠에게 못질, 톱질, 대패질 같은 소소한 목공 기술을 배워 익혔다. 남는 재료로 작은 의자 같은 것을 만들어 보고 뿌듯했던 기억이 있다.

엄마와는 마늘 까기 부업을 했다. 파주에서 엄마는 취직도 할 수 없고 노점상도 할 수 없어서 매주 마늘을 세 포대나 다섯 포대씩 받아놓고 내내 그걸 까느라 손이 부었다.

주말이나 방학에는 나와 동생도 도왔다. 그때 마늘 한 포대 까면 받는 돈이 오천 원 정도밖에 안 되었던 걸로 기억한다.

세 모녀가 달려들어 몇 시간 쪼그리고 앉아 물에 손을 담그고 한 나절 마늘 냄새를 감당한 결과가 오천 원이라니. 부조리도 이런 부조리가 없었지만 시골에는 일거리가 없으니 그거라도 해서 더위사냥과 메로나를 사 먹고 가끔 삼겹살도 사다 구워 먹을 수 있었다.

자유로는 1992년에 개통해서 그 때만 해도 북쪽으로 쭉 뻗은 경치가 아름다운 새 길이었다. 여름에 자유로 끝자락 잔디밭에서 고기를 구워 먹다가 정찰하는 군인들에게 걸려 쫓겨난 경험도 있다.

여기서 이러시면 안 됩니다.

자유로를 달리며 보는 풍경이 그렇게 좋았다고, 식구를 다 데리고 나가 양쪽으로 차가 쌩쌩 달리는 고속도로 한복판에서 고기를 구울 생각을 한다니 우리 아빠도 참 웃기다.

지금 파주는 옛 모습을 찾을 수 없이 거대한 신도시가 되었다. 2009년에 개봉한 영화 <파주>는 박찬욱 감독의 잘 알려지지 않은 작품 중 하나로 파주 신도시를 건설하는 과정에서의 철거민 투쟁을 다루고 있다. 故 이선균 배우와 서우 배우가 열연했다. 감독이나 배우 때문이 아니라 오로지 제목 때문에 흥미롭게 보았다. 파주는 이렇게 나에게 애틋한 도시다.

출판사에서 일하며 파주 출판도시에 위치한 창고에 재고 관리를 하러 가거나 알라딘, 교보, 북센 등 대형 서점 본사로 영업을 나갈 때, 가끔 나들이 삼아 헤이리 마을이나 평화누리까지 드라이브를 갈 때 곳곳에 보이는 파주의 풍경을 낯설게 바라본다.

파주, 금촌, 월롱 같은 지명이 새겨진 이정표에서 아스라이 1994년의 무더위가 느껴지는 듯도 하다. 자유로에서 김포대교로 빠지는 길목에서 길이 막히기라도 하면, 어릴 적 아빠의 봉고가 경찰을 따돌리고 꽁무니를 빼던 곳이 여기쯤인가 하며 제법 여유도 부려본다.

인천 1994

열여섯 살에 나는 처음으로 자취라는 것을 해 보았다. 내가 살던 곳은 5층 상가 건물 옥탑방.

5층에는 엄마 아빠가 잘 아는 작은 교회가 있었고 옥탑방은 그 교회에서 사용하던 공간으로 오갈 데 없는 우리 형편을 생각해 빌려주셨던 것이다.

나는 새벽 6시에 일어나 도시락을 싼다. 있는 반찬만 곱게 담아도 될 것을 계란말이나 소시지 부침 같은 걸 만드느라 분주하다. 엄마가 싸 준 도시락처럼 보이려고 애쓰느라 그렇다. 도시락 준비가 끝나면 그제야 동생을 깨워 함께 학교 갈 준비를 했다. 동생은 여중에 다녔고, 나는 공학을 다녔다. 만원 버스를 타고 30분 거리의 학교로 등교했다.

인천에서 살 수 없게 된 엄마 아빠가 파주로 이사를 가면서 우릴 두고 간 까닭은 퇴거를 못 했기 때문이고 그 때문에 우릴 전학시킬 수 없었기 때문이다.

퇴거를 못 한다는 게 뭔지 지금도 모르겠다. 아마 빚에 쫓겨 사람들이 찾을 수 없는 곳으로 이사를 가야 했을 것이다. 새로 이사한 곳에 전입신고를 해야 하는데 그걸 안 하니 전학도 불가능했다.

퇴거를 안 하고 이사 가서 지내다가 주민등록이 말소되고 그걸 나중에 다시 살리고 하는 경우도 가끔 있었다.

겨우 중학생인 우리 자매가 단 둘이 사는 집은 당연히 엉망이었다. 아빠가 월요일마다 우리를 학교에 내려주고 나서 집에 반찬을 정리하고 청소를 해 주고 갔다.

옥탑방은 잠깐 우리 학교 일진들의 놀이터가 되기도 했다. 내가 자취한다는 걸 알게 된 친구가 어느 날 "너희 집에 놀러 가도 돼?"했다. 엄마 아빠랑 살 때 가난한 집을 보이기 싫어 친구를 집에 초대해 본 일이 거의 없는 나는 자취방은 괜찮다고 생각했기에 당연히 와도 좋다고 했다.

그 친구는 소위 '날라리'로 노는 무리에 속해 있었지만 경계심이 들게 만드는 아이는 아니었다. 그날 저녁에 무슨 일이 있었는지 잘 기억이 나질 않는데, 그저 노는 애들 여럿이 모였으니 재밌게 놀았던 것 같기도 하고⋯.

하여간 중3밖에 안 된 아이들이 그날 우리 집에서 잤던 걸까? 아침에 학교에 가는데 나에게 먼저 가라고 해서, 나는 동생을 챙겨 도시락을 싸서 등교했다. 그리고 친구들은 학교에 안 왔거나 아주 늦게 왔다.

집이 어떤 모습일지 걱정되어 수업에 집중할 수가 없었다. 학교 끝나자마자 서둘러 집으로 가보니 난리가 나 있었다. 아이들은 냉장고에 있던 일주일 치 식량을 다 털어먹었다. 방에는 쓰레기가 굴러다니고 옥상은 담배꽁초와 음료수 캔으로 어질러져 있었다. 남자아이들과 여자아이들이 섞여 있었기에 또 무슨 짓을 했을지 상상하기 어렵지 않았다.

동생은 언니가 이상한 친구들을 불러들였다며 길길이 화를 내면서 엄마에게 이르겠다고 난리를 쳤다. 나도 너무 화가 나서 견딜 수 없어 하며 그들이 어지른 걸 치웠다.

내 잘못이지, 내가 친하지도 않은 아이를 초대해서, 날라리라는 걸 알면서도 걔넬 불러서, 내가 너무 멍청하다고 생각했던 것 같다. 그 친구들은 다시는 놀러 오지 않았지만 나는 엄마에게 크게 혼나고 일주일을 거의 굶어야 했다.

상처와 반항

부모의 보호와 보살핌이 없는 상태에서 중학생 자매가 둘이 살며 일 년 동안 매일 도시락을 싸서 학교에 간다는 건 쉽지 않은 일이지만 그때는 사회복지의 개념도 거의 없었고, 학교에 상담 시스템 같은 것도 없어서 사회적으로 배려받지 못했다.

그래서 이 해에 사춘기 시절 가장 큰 상처였고 가장 수치스럽고 치욕스러운 기억이 여럿 들어 있다.

어느 날, 아침에 알람을 놓쳐서 일어나지를 못했다. 지각을 하는 것이 죽기보다 싫었기에,(지각을 하면 크게 혼나니까 그걸 회피하려면 차라리 결석하는 게 낫다고 생각했던 것 같다. 그때는 교사가 몽둥이로 사람을 패는 게 당연하던 시절이니까) 나는 학교에 전화해서 담임에게 거짓말을 했다.

어제 파주 집에 와서 잤는데 아침에 차가 고장 나서 못 가게 되었다고. 자세히 기억나진 않지만 대충 그런 핑계였다. 그때는 아파도 학교에 가서 쓰러지는 게 당연한 세상이었기에 단순히 아프다는 핑계를 대고 학교를 빠질 순 없었다.

담임은 그럼 어쩔 수 없겠구나 하고 전화를 끊어놓고, 오후에 파주에 있는 우리 집에 전화를 걸어 부모님과 통화를 했다. 결석 한번 해 보려던 내 거짓말은 금방 탄로 났다.

아빠는 내가 거짓말하고 학교에 안 간 것을 탓하지 못했다. 부모가 곁에서 보살피지 못하고 있으니까 자책감이 들어서였을 것이다.

선생님께 거짓말할 거면 아빠한테 미리 말했어야지. 선생님이 알아버렸는데 어떡하냐? 도와주지 못해 미안하다....

그랬다. 없는 형편에 자식을 키우다 보면 엄마 아빠가 애들에게 성실이나 정직을 가르치기 힘들다. 본인들도 그렇게 살기 힘드니까. 엄마는 내가 학교에서 혼날까 봐 안절부절못했다. 아마 하루 종일 마음이 힘들었을 것이다.

다음 날 학교에 가니 선생님이 발칵 뒤집혀 있었다. 담임은 교사가 된 지 이제 겨우 3년 차인 대체로 상냥하고 고운 여자 선생님이었다.

나를 교무실로 불러 여러 선생님과 오가는 학생들이 있는 곳에서 왜 거짓말했냐고 다그쳤다. 내가 가난해서 부모와 떨어져 자취하는 걸 동네방네 떠드는 무례함이었다.

너 사고결이 얼마나 무서운 건 줄 알아?

사고결은 지금으로 치면 미인정 결석이다. 이게 하나라도 있으면 입시에 불리하다. 결석도 같은 결석이 아닌 것을 그때 잘 몰랐다.

거짓말을 하더라도 차라리 아파서 못 간다고 거짓말을 했으면 문제가 안 되었을 텐데, 담임은 그 사고결의 위험성을 경고하려고 부모님께 다시 전화를 걸었던 것이다.

부족함 없는 교육을 받으며 모범생으로 자란 교사에게 사고결이란 인생이 종칠 수도 있는 중대한 결함으로 여겨졌던 걸까?

사고결이 뭐가 어때서? 학교 한 번 안 갈 수도 있는 거지. 결석 한 번에 내 인생에 중대한 사고라도 난 것처럼 난리를 치는 선생님을 이해할 수 없었다. 그땐 어려서 고입을 앞둔 상황에 혹시라도 내게 불리한 일이 생길까 봐 걱정된다는 담임의 말이 믿기지 않았다.

내 인생이다. 부모의 보살핌도 없이 한 학기 동안 자취하면서 동생 도시락까지 싸가며 등교하는 내가 그걸 하루 못 해냈다고 인생 종칠 경악할 실수인 것처럼 몰아붙이는 것이 억울하고 화가 났다.

거짓말한 게 화나면 그냥 거짓말을 문제 삼지, 사고결 때문에 걱정되어서 다그친다는 말이 싫었다. 사고결 하루 때문에 고등학교 입시에 실패한다면 그건 세상이 이상한 것이지.

별 어려움 없이 모범생으로 자란 게 틀림없는 데다 예쁘고 잘난 선생님 앞에서 가난을 들키고 거짓말을 들킨 수치심과 반항심으로 순간 내 마음이 뒤틀렸다.

담임은 나에게 거짓말하고 결석한 것에 대해 사과문을 쓰라고 했고 나는 그날 치를 떨며 반성문이 아니라 반항문을 썼다. 작년 담임 선생님은 참 좋고 세심하며 다정한 분이었는데 지금 담임 선생님은 진정한 선생이 아니라는 식으로 썼던 것 같다.

담임은 얼굴이 빨개져서 몽둥이를 들고 나를 찾아왔다. 평소의 타닥타닥하는 경쾌한 발소리가 아니라 쿵쿵 걸음걸이로 분노를 표현하면서 교실 문을 홱 열어젖히곤, "당장 나와!" 하며 무섭게 나를 불렀다.

어쩌라고?

내 눈에서도 불꽃이 튀었다. 담임은 옥상으로 나가는 컴컴한 문 앞 창고로 나를 데려가서 무슨 말을 꺼내기도 전에 매로 내 엉덩이며 허벅지를 되는대로 마구 때렸다.

한 열 대는 맞았나? 뭘 잘못했으니 손바닥 몇 대, 종아리 몇 대… 이런 식도 아니고 되는대로 마구잡이로 매타작하는 선생님이라니.

학생 앞에서 감정조절도 못 하는 되지도 않는 인간에게 맞고 있다는 사실이 치욕스러워 어금니를 악물고 더 아무렇지 않은 듯 맞았다. 속으로 실컷 비웃는 마음이 되었다.

내 앞에 있는 건 큰 어려움 없이 곱상하게 자란 아가씨다. 부모님과 떨어져 자취하는 자기 반 아이가 매일 아침 어떻게 등교 투쟁을 벌이는지 알 리가 없는 선생님. 사고결 한 번에 하늘이 무너진다고 호들갑 떠는 선생님. '어쩌라구요. 제 인생입니다~?' 그런 마음이었던 것 같다.

이 사건 이후로 담임은 내가 엇나갈까 걱정되었는지, 우리 부모님이 사과해서인지 대체로 나쁘지 않게 지냈다. 그러나 내가 사춘기 시절 그 선생님 때문에 자존심에 크게 상처를 입었다고 여긴 것처럼, 그 선생님도 내가 교사 인생에 최초의 난제였을 것이다. 나는 이전까지 원래 반항이라고는 모르는 오히려 선생님을 좋아하고 학교를 좋아하는 천진난만한 아이였기 때문이다.

그런 내가 갑자기 눈을 빛내며 매를 처맞고 있었으니 자기가 뭘 잘못 건드리긴 했나 하며 간담이 서늘했을 수도 있다. 아니면, 그냥 속으로는 싫어하면서도 어른스럽게 괜찮은 척 체면을 차린 것일지도 모른다.

이건 하나의 에피소드일 뿐 중3 담임은 내가 만난 교사 중 최악은 아니다. 정말 쓰레기 같은 교사도 많았던 시절이니까. 그 선생님이 정말 아무 어려움 없이 곱게 자란 사람인지, 아니면 나와 다를 바 없는 소녀 가장이었을지 그것도 알 수 없다. 어린 반항심에 세상을 보고 싶은 대로 본 건 나였으니까.

어쨌든 이 사건은 한창 예민한 시기에 가장 감추고 싶은 모습이 까발려진 경험으로 기억에 남아 있다. 모든 게 오해였을 수도 있고 담임은 정말 나를 걱정했는데 내가 예민한 것이었을 수도 있지만 그때는 어쩔 수가 없었다.

가난, 불성실, 거짓말을 들켰을 때 당황한 고양이처럼 발톱을 세워 상대를 긁는 것은 본능 같은 일이었으니까. 그리고 나는 어렸고 그는 선생이었다. 그에겐 너무 쉬운 '사랑의 매'가 있었고 그걸 마음껏 휘둘렀지만, 나는 그의 뺨 한 대도 칠 수 없었으니.

사실 일 년 동안 자취를 한 건 큰 경험임에도 이 외에 기억에 남는 일이 많지 않다. 어릴 적 일은 꽤 많은 것을 생생하게 기억하는 나로서는 그게 좀 이상해서 괴로웠던 이 시기를 봉인해 버린 게 아닐지 의심도 든다.

중학교 시절에 대한 생각을 계속하면 뭔가가 더 떠오를까? 기억을 건드리는 것이 무섭다. 또 어떤 수치심과 열등감, 고통과 분노가 딸려 나올지 알 수 없어서다.

그래도 1994년은 1993년이나 1995년보다는 기억나는 일이 많은 것이다. 그해 여름의 무더위 때문일지도 모른다. 아니면 그해 여름을 주기적으로 상기시키는 콘텐츠들 때문일지도 모르겠다.

웃자란 사촌

동갑이지만 생일이 빨라 학교에 일찍 들어간 사촌 선미가 파주의 시골집으로 놀러 왔다. 고등학교 1학년치고는 꽤 성숙한 모습이었다.

생전 처음 커피숍이란 데 들어가본 게 이때다. 선미는 금촌 시내가 내려다보이는 2층 커피숍에 다리를 착 꼬고 앉아 보란 듯이 디스를 주문했다. 그때는 커피숍에서 담배를 팔았다.

지금은 믿기 어렵지만 그땐 어린 학생이라도 어른 흉내를 내면 모른 척하고 담배를 파는 가게도 있었나 보다.

여기 블랙커피 한 잔하고요. 너는 뭐 마실래? 레몬콜라? 체리에이드? 그것도 한 잔 주시고요. 그리고 디스 있나요? 네, 그럼 디스도 하나 주세요.

아무렇지 않게 디스가 음료와 함께 나왔다. 디스가 뭔지 그제야 알아들은 나는 당황해 눈 둘 데를 모르는데 선미는 익숙한 듯이 찬찬히 담뱃갑을 톡톡 두드리고 껍질을 깠다.
나에게 눈을 찡긋, 담배를 피워 물고는 보란 듯이 불을 붙이더니 편안한 소파에 등을 기댄다.

그래, 넌 요즘 어떻게 지내?

하며 소설에서나 나올 느리고 우아한 말투로 어른 흉내를 냈다. <타짜>의 정 마담 같은 분위기를 풍기려 애쓰는 앳된 소녀, 그게 사촌 선미였다.

어머머, 너 참 웃긴다. 얘도 참 무슨 말을 그렇게 하니? 호호호~!

이런 말투를 실제로 구현하며 양손을 어른처럼 휘휘 저었다. 소설을 많이 읽은 나는 그 모습이 우스웠지만 아무 말도 못 했다.

웃자란 사촌은 우리 집이 군부대 근처라는 데서 흥분하며 자기가 어떤 남자든지 꼬실 수 있다고 큰소리를 쳤다. 아무도 없는 시골길을 산책하러 나가자며 이른 아침부터 괜히 이리저리 걸었다. 더워 죽겠는데.

나는 4월생이고 선미는 1월생이라서 나이 차이라고 할 게 없다. 아주 어릴 적부터 이모네랑 한동네에 살아 선미랑은 '야자'하는 친구로 지냈는데 어느 날 사촌이 먼저 국민학교에 입학했다. 생일이 빨라서란다.

1년쯤 지나 내가 학교에 입학하자 사촌은 나에게 호형을 요구했다. 자기를 언니라고 부르라는 것이다. 내가 싫다고 했더니 자기 엄마를 동원했다. 이모는 나에게 선미가 학년이 더 높고 앞으로도 쭉 그렇게 갈 것이니 언니라고 부르는 게 맞다며, 태어날 때부터 친구였던 사촌을 하루아침에 언니라고 부르라고 명령했다.

나도 고집이 있지. 같은 해에 태어나 같이 자란 아이에게 언니라고 부르고 싶지 않아 버텼다. 이모는 나에게 쪼끄만 게 어디서 고집이냐며 꿀밤을 먹였다.

사실은 자존심 문제였다. 받아쓰기도 못 하고 산수도 못하는 사촌을 언니라고 부르고 싶지 않았다. 내가 글을 더 빨리 익혔고, 셈도 더 잘하는데 왜 내가 언니라고 해야 하는가?

그럴 만도 하다. 그때 나는 키 큰 사람이 언니이고, 키가 작으면 동생인 줄 알았다. 교회에서 초등부 선생님들이 이야기하는 걸 봤는데 키가 훨씬 큰 선생님이 키 작은 선생님에게 언니라고 부르는 걸 보고 혼란스러웠던 기억이 있다.

보통 연년생 자매는 친구 같으면서도 경쟁 관계라고들 하는데, 친자매인 동생은 오로지 내 보살핌의 대상일 뿐이었다. 대신에 나는 사촌과 가까이 지내면서 경쟁했다.

자라는 내내 이웃들과 교회 어른들로부터 내가 더 똑똑하고 잘나고 우수하단 소리를 들었고 가난한 나는 그런 칭찬을 들으며 자존감을 채워나갔다. 어른들의 객관적인 평가에 의하면 내가 선미보다 눈치도 빨랐고, 착하기도 엄청나게 착했다. 어른들 앞에서 예의 바른 건 말할 것도 없었다.

엄마의 엄한 가르침 때문이긴 했지만, 칭찬을 받은 나는 겉으로는 겸손을 표하며 속으로는 은근히 선미를 깔보고 무시하는 마음을 길렀다. 엄마와 이모는 친자매로 남편의 경제력이나 자녀들의 능력을 가지고 서로 경쟁하는 관계였다.

이모네는 아이가 셋이었고, 선미는 그중에 가운데 낀 서러운 딸이었다. 위로 장남이, 아래로 귀염둥이 막내딸이 있다.

이모네는 이모부가 해외 노동자로 괌, 일본, 사우디아라비아에서 힘들게 일해서 보내주는 돈으로 넉넉하게 살았다. 아주 부자라고 할 정도는 아니어도 선미가 사춘기에 예고 입시를 준비한다고 비싼 미술학원을 다니고 가벼운 멋을 부릴 정도의 용돈은 받았다.

이모는 자식 교육에도 욕심이 있어서 각종 전집을 사 모아 작은 방 벽 하나를 어린이책으로 채웠다. 그러나 그 집 아이들이 모두 책에 관심이 없어 그 책은 내가 다 읽었다.

이모 집에서 내가 하루 종일 책만 읽고 있으면 이모는 괜히 타박하며 나에게 심부름을 시켰다. 선미는 덜렁거려서 돈을 주면 잃어버리니 꼼꼼한 네가 가서 무엇을 사 오라는 얘기를 하며 돈을 맡겼다.

한겨울에 30분씩 걸어가야 하는 거리의 심부름을 시키면 누구라도 귀찮아할 것이다. 이런 일이 있으면 나는 아무 말 못 했지만, 내 동생은 모계로 전해오는 만만찮은 성질머리를 타고나서 이모에게 바락바락 대들었다.

왜 우리 언니만 시켜요? 이모 딸 시키면 되잖아요! 선미 언니가 멍청한 건데 왜 우리 언니가 고생해야 해요?

그러다가 이모에게 알밤을 몇 대 맞고 엉엉 울었다. 그러나 우리 엄마 아빠는 늘 맞벌이로 바빴기에 우리가 이모네 집에서 얹혀사는 일이 많았으니 서러워도 심부름은 내가 해야 했다.

이모는 자기보다 가난하게 사는 언니를 은근히 무시했고, 우리 엄마는 그걸 알아서 가끔 이모랑 대판 싸웠다 둘이 싸우는 걸 보면 내 모계 쪽으로 성질이 대단하다는 생각밖에 안 들었다.

선미와 나는 같은 중학교에 다녔는데, 그때까지도 나는 선미에게 언니라는 호칭을 쓰지 않았다. '선미야~'하고 부르지도 않았고, 그저 호칭을 생략하거나 얼버무리는 방식으로 나만의 투쟁을 이어갔다.

일찌감치 멋 부리는 걸 좋아했던 선미는 공부를 정말 못했다. 학교에서 나를 만나면 자기 친구들에게 내 스개를 하면서 "내 사촌 동생이야. 얘는 나 같지 않아. 공부를 정말 잘해!"라고 말했다. 사실 난 중학교 때쯤 이미 너무 평범해져서 공부를 잘한다고 보기 어려웠지만, 선미보다는 잘하는 것이 사실이었기에 잠자코 있었다. 꼭 저렇게 나를 '동생'이라고 소개하고 싶어서 안달일까?

하며 괜히 배알만 꼬았다.

선미는 미술에 소질이 있어 안양예고를 가고 싶어 했지만, 성적이 너무나 좋지 않고 실기도 뭔가 안 풀렸는지 그만 떨어져 버렸다. 그 성적으로 갈 만한 학교는 최하위권 여상밖에 없었기 때문에 고등학교 생활에 적응하지 못하고 결국 자퇴했다.

가난하긴 했어도 착하고 똑똑하단 소릴 듣고 자란 우리 자매는 사촌을 보며 "겉멋 들었다"고 비웃었는데, 선미는 자퇴하고도 미술학원에서 일을 하는 등 그림 그리는 꿈을 계속 이어나갔다.

고등학교 때부터 남자를 안다고 큰소리쳤던 조숙한 사촌은 스무 살이 겨우 넘었을 때 열 살 차이 나는 남자와 결혼했다. 알바로 다니던 미술학원의 원장이라고 했다. 나는 성인이 되어서야 선미의 남편을 형부라고 부르는 것으로 3개월 먼저 태어나 1년 먼저 학교에 다닌 선미에게 예의를 차렸다.

형부는 어린 아내가 공부를 마칠 수 있게 도왔고, 선미는 뒤늦게 검정고시를 보고 전문대를 다녔다. 20대 초반의 이른 나이에 아이를 낳아 워킹맘이 되었고, 어엿한 입시 미술학원 실장으로서 남편을 도와 학원을 운영했다.

선미가 딸을 초등학교에 보낼 때쯤에야 나는 손바닥 만한 전셋집에서 신혼 살림을 시작할 수 있었다. 내가 서른다섯에 첫 아이를 낳았을 때 선미네는 분당과 용인에서 대형 입시 미술학원을 세 개나 운영했고, 딸은 과학 영재라는 소리를 들었다. 지금은 딸 교육을 위해 온 가족이 미국으로 가서 잘 살고 있다.

나는 사촌이 잘 사는 게 한동안 배 아팠다.

엄마와 호두과자, 그리고 캔디

고3으로 올라가던 겨울이 생각난다. 그때도 이렇게 추웠고 우리 가족은 단칸방에 살았다.

구월동 모래내 시장 근처 빌라촌에 있는 모퉁이 집이었는데 현관문을 열면 작은 거실 겸 부엌이 있고 화장실과 방 한 칸이 딸린 집이었다.

이 집은 아직도 그 위치에 있고, 나는 지금 구월동 옆의 만수동에 산다. 아주 가끔 명절에 모래내시장에 장을 보러 갔다가 그 집을 볼 때가 있다. 지금은 그곳에 누가 살지 늘 궁금하다.

길모퉁이로 튀어나온 현관문은 울타리나 담벼락, 대문 같은 이중 보호장치 없이 드러나 있어 문을 열 때마다 집안이 다 들여다 보일까 위축되고 부끄러웠다. 다 큰 고등학생 딸들을 그런 집에서 키우는 엄마의 걱정도 컸을 것이다.

1996년 말에는 HOT의 '캔디'라는 노래가 대유행했고 시장통에서는 알록달록한 벙어리장갑과 모자, 목도리를 팔았다. 문방구에서 팔던 사진과 엽서들도 생각난다.

강타의 팬이었던 동생은 비디오테이프로 녹화해 둔 텔레비전 가요 프로그램을 주말 내내 틀어놓고 지냈다. 물론 그 끔찍한 원색의 털장갑과 목도리도 사서 열심히 하고 다녔다.

엄마는 시장에서 팥도나쓰, 찹쌀도나쓰, 꽈배기 같은 걸 만들어 팔았다. 나는 학교가 일찍 끝나는 토요일엔 시장으로 가서 엄마 옆에 앉아 있곤 했다. 너무 추운 겨울이었기 때문이다.

시장통에서 캔디가 흘러나오면 추위에 발을 종종거리면서도 노래를 흥얼흥얼 따라 불렀다. 엄마는 연신 도나쓰를 튀기고 손님이 오면 내가 포장해서 손님에게 내밀고 돈을 받았다.

보통은 여기까지만 기억하고는 나를 꽤 괜찮은 딸이었다고 생각하고 지낸다. 그러나 한 번쯤 작정하고 기억을 더듬어 들어가다 보면 불편한 진실이 튀어나오게 마련이다.

우리가 한창 자라던 시기에 엄마는 허리가 휘어지도록 일하고 하루에 10시간씩 귀가 떨어져 나갈 것 같은 한파에 시장 노점에서 떨거나 파출부로 매일 다른 식당에서 고되게 일을 했지만, 늘 돈이 부족했다.

고등학생 두 딸은 돈 먹는 하마 같았다. 우린 매일 용돈을 받았지만 그것으로 사춘기에 하고 싶은 것을 하고 갖고 싶은 것을 사기엔 한참 모자랐다.

남들 하는 건 다 하고 싶었던 나는 사치스럽게도 남자 친구를 사귀고 있었고, 주중에 용돈을 모아 주말에 데이트했다. 영화 보고 밥 먹고 도서관에서 공부하는 정도에 불과해도 연애에는 돈이 많이 들었다.

문제집값이며 보충수업비를 원래보다 더 불려서 말하고 2천 원 혹은 3천 원, 때로는 배포 크게도 만 원씩을 '삥땅' 쳤다.

엄마가 고생하는 걸 알고 있었지만, 어쩔 수가 없었다. 착하게 살려면 거지처럼 살아야 하니까. 남 앞에서 가난한 티를 내고 싶지 않은 고등학생이었던 것이다.

죄책감과 미안함을 떨치기 위해 겨울 방학이나 토요일 오후에 엄마가 장사하는 자리 옆에 잠시라도 앉아 말동무가 되어 주거나 잔일을 도왔다.

누가 볼까 부끄러웠지만 엄마에게 다정한 딸 노릇을 하는 것도 중요했다. 월세방에 살며 이사를 하도 많이 다니다 보니 동네가 낯설어 아는 사람이 별로 없는 게 다행이었고, 학교도 꽤 먼 곳에 떨어져 있었다.

엄마는 도나쓰와 꽈배기를 만들어 판 돈의 일부를 떼어 시장 상인들이 모인 계에 들어갔다. 2년 동안 부은 곗돈 200만 원, 당시 단칸방 월세 보증금이랑 비슷했던 그 큰돈을 내 첫 대학 등록금과 입학금으로 썼다.

엄마가 하루 벌어 네 식구가 하루 먹고 사는 우리 집에서 나의 한 학기 공부를 위해 월세 보증금만큼의 돈을 쓴다는 건 엄청난 일이었다.

그 200만 원은 내가 지금까지 엄마에게 받아본 유일한 거금이고, 그때까지 엄마 인생에서도 한목에 써 본 최초의 거금이었다.

내가 대학에 들어가고 동생이 고3이었을 때는 송림동에 살았다. 지금은 커다란 아파트 단지가 들어서 있는 송림동은 그때 막 재개발에 들어가려 하고 있는 낡은 동네였다.

엄마는 호두과자와 땅콩과자로 종목을 바꿔 대형학원 앞에서 노점상을 했다. 매일 새벽 집에서 커다란 다라이에 이스트와 마가린을 녹여 직접 반죽을 했고, 공장 반죽과는 비교가 안 되는 맛과 식감을 가진 인천식 명물 호두과자를 만들어 팔았다.

날씨가 추우면 호두과자가 더 잘 팔리지만 그런다고 지나치게 추우면 사람들은 앞만 보고 종종 걸어가 버린다. 엄마는 발난로 하나에 의지하고 호두과자 기계의 열기에 손을 데우며 하루 종일 서서 손님이 오길 기다렸다.

그 해에 엄마는 아무리 호두과자를 많이 팔아도 동생의 등록금을 도저히 마련할 수 없었다. 딸 하나의 1회분 등록금을 만들기 위해 2년을 쥐어짜야 하는데, 동생은 나와 연년생이라서 내가 대학에 가고 불과 1년 만에 대학 합격증을 받았기 때문이다.

게다가 학원 보내 달란 말을 하지 않고 학교에서 자정까지 야자하고 보충수업 듣는 것으로 적당히 수도권 대학을 간 나와 달리 동생은 학원에 보내 달라고 졸랐기 때문에 엄마가 모을 수 있는 돈은 더 줄었다.

동생은 뒤늦게 머리가 트이고 공부 재미를 알아 전교 300등 대 후반에서 3등까지 수직 상승한 전설의 주인공이었다. 당연히 대학 욕심도 컸고, 담임 선생님의 기대와 응원도 받았다.

그리고 충격적인 사건이 일어났다. 그해 말에 동생이 원하는 대학의 합격증을 받고도 등록을 못 한 것이다.

돈이 없어 대학 못 간 사람이 드라마에만 나오는 게 아니다. 등록 마감일 오전까지도 하나님이 도와주실 거라는 희망을 잃지 않고 기도에만 매달리던 부모님을 보며 나는 절망했다.

엄마랑 아빠는 가난해서 이미 형제들에게 버림받고 신용도 바닥이었기에 어디서 돈을 빌릴 데도 없었다. 형제들이라고 해서 조카의 대학 등록금을 척척 빌려줄 수 있을 정도로 여유 있는 집도 애초에 없었다.

동생이 등록을 포기할 수밖에 없었던 그날의 공기, 분위기, 그 참담했던 마지막 순간을 나는 일분일초 생생하게 기억한다.

아무 희망이 없이 등록 마감일이 되었지만, 아빠는 아침 밥상머리에서 주님만 믿는다는 기도를 했다. 시간은 빨리도 흘러 정오가 넘어갔고, 숨 막히는 공기 속에서 마감 시간인 오후 5시가 되었다. 우리는 며칠 동안 미친 듯이 발로 뛰고도 눈앞에서 최종 부도를 맞은 중소기업 사장님처럼 망연자실했다.

기도 끝에 대학을 못 간 건 동생인데 그 충격으로 종교를 완전히 등진 것은 나였다. 나는 술을 엄청나게 마셨고, 집에 잘 안 들어갔다. 꼴도 보기 싫은 집구석, 무능한 신을 믿는 어리석은 부모, 그 덕에 평생 가난하고 창피하게 산 우리들을 생각하며 분노를 삭이지 못했다.

신기하게도 동생은 아직도 교회를 열심히 다닌다. 그러면서 그때 대학을 못 가서 재수한 것도 다 하나님 뜻이었다고 말한다.

나는 이런 정신 승리를 혐오한다. 나만 빼고 우리 가족은 기억 조작에 성공했다. 나만 빼고 우리 가족은 아직도 하나님을 믿으며 매주 교회에 간다.

어디 이 일뿐일까? 우리 가족은 언제나 기도했고 그 기도는 제대로 들어맞은 적이 한 번도 없다.

집에 쌀이 뚝 떨어졌을 때도 기도했고 아빠가 급히 수술했는데 병원비가 없을 때도 기도했고 동생의 신장에 작은 돌이 굴러다닌다는 사실을 알고도 병원에 가는 게 아니라 기도했다.

모든 일은 어떻게든 지나가게 마련이기에 우린 굶어 죽지도 아파 죽지도 않았지만 그렇다고 신의 가호로 살아났다고 하기에도 애매했다.

예를 들어 동생은 병원을 안 가고 신장 결석을 소변과 함께 배출 해내는 데 성공했다. 찢어지는 고통을 겪었을 텐데도 그게 하나님이 도우신 것이라고 말하고 다녔다. 그 결석을 신의 기적과 살아있는 아가페의 증거로 어딘가에 오랫동안 보관했다.

결석이 계속 자라서 고통을 줄 수 있는데도 그러지 않았으니까, 무서운 수술을 하지 않고도 결석을 빼냈으니까, 돈이 들지 않았으니까…. 결국 하나님의 뜻이고 사랑이었다.

그런 게 신의 사랑이라면 너무 치사하고 더러운 게 아닐까? 남들에게는 쉽기만 한 행복이 왜 우리 가족에게만 이렇게 어려운 걸까?

내가 보기에 신은 무능했고 기도는 시간 낭비였다. 그 시간에 놀이터나 운동장 주변을 맴돌며 떨어진 동전이 없는지 찾아보는 게 훨씬 빨랐을 것이다. 실제로 어릴 적에 나는 동생과 어둑해진 학교에 가서 그네나 철봉 밑을 샅샅이 뒤졌던 일이 있다. 장롱 밑을 긴 자로 쓸어보고, 옷장의 모든 옷 주머니를 다 뒤져도 백 원 한 푼 나오지 않았기에 운동장에 나갔던 것이다.

우리 가족은 매번 지치지도 않고 모두가 기억 조작과 정신 승리를 통해 신앙을 지켜냈다. 교회에서는 그걸 믿음이라고 부른다.

나는 사춘기 이후에 몇 번 과장된 연극에 참여한 이후로 다시는 교회에 가지 않았고 성인이 되면서부터는 아랍 출신의 무능한 남신을 영원히 떠나보냈다.

명색이 모태신앙이다. 신을 버린 나는 행복하지 않았다. 나락으로 떨어졌고 인생에 기쁨이 없었다.

엄마의 땀과 눈물로 대학에 간 나는 거의 매일 술을 마시면서 불효했다. 아빠는 다 큰 딸에게 차마 손대지 못했지만, 엄마에게는 등짝을 얼마나 맞았는지 모른다.

술에 취해 수없이 맞았고 나중에는 맞기 싫어 집에 들어가지 않았다. 집에 안 들어오는 날이 많아지자, 엄마 아빠는 내가 교회 안 가는 것을 어쩔 수 없이 받아들였다.

일요일 아침에 집에 누워있으면 술 냄새를 풍기더라도 교회에 나가 앉아 있게 하지만, 집에 없는 애를 예배당에 앉히는 건 불가능했으니 말이다. 어쩔 수 없는 일이었다.

엄마는 딸이 대학에 들어가자 술꾼이 되어버렸다며 울었다. 사실 나는 대학에 들어가서 타락한 것이 아니라 신을 버린 대가로 아노미를 맞은 것이었다.

자신을 혐오했고, 핏줄을 혐오했다. 인생에서 의미를 찾고 새롭게 삶의 질서가 잡히기 전까지 오랜 시간이 걸렸다. 10년은 넘게 걸렸던 것 같다.

지금 생각하면 엄마에게 미안하지만, 다시 똑같은 환경에 처한다면 내게 다른 방법이 있을까 싶다. 더 잘 버틸 방법이 있을까?

가난해도 올바르게 살고, 심지 강하고, 명랑하며, 자존감이 높은 사람도 있지 않을까?

내가 그렇게 살지 않았기에 그건 거의 불가능하다고 믿는다. 가난은 사람을 초라하게 하고 부끄럽게 하고 불성실하게 만든다. 그 시절을 떠올리면 너무 슬프고 부끄럽지만 그렇다고 해서 반성만 하고 싶진 않다. 다시 돌아봐도 어쩔 수 없는 일이었으니까.

도나쓰와 꽈배기를 튀기던 엄마에게 거짓말하고 문제집 값을 뻥땅 치던 그 시절, 시장통에서 흘러나오던 HOT의 캔디를 요즘에 NCT드림이 다시 불렀다.

세련되게 편곡된 노래를 열 살 난 딸과 함께 흥얼거리면서 그 시절의 나와 동생, 그리고 우리 가족을 떠올렸다.

지나온 삶이 끔찍하다고 여기면 오늘을 살고 내일을 기획할 수 없기에 사람은 본능적으로 기억을 조작하고 과거를 미화한다. 아무리 어려웠던 시절이라도 그때 유행하던 음악을 들으면 아름다운 것들만 떠오른다.

나도 깜빡 속을 뻔했다. 그때 내 나이 열여덟 혹은 열아홉, 참 좋았었지… 할 뻔했다.

사실 나는 그때 좋지 않았다. 끔찍했다. 나는 나와 가족을 싫어했고 현실을 벗어나고 싶었지만 방법이 없는 10대 청소년이었다. 거짓말을 태연하게 하고 가끔 자잘한 물건을 훔치기도 했다. 마음은 죄책감과 반항심으로 얼룩졌다.

스무 살이 넘어서는 신을 등졌고 저질 대중문화에 열광했고 술을 마셔댔다. 스스로가 혐오스러워서 술에 취하지 않고는 견딜 수 없었다.

그 시기가 지나갔다는 사실이, 다시는 돌아오지 않을 것이란 사실이 감사하다. 한 번도 과거로 돌아가고 싶다는 생각을 해 본 적이 없다. 추억이란 거, 개나 주라지.

> 사실은 오늘 너와의 만남을 정리하고 싶어, 널 만날 거야. 이런 날 이해해~

그 시절 노래를 들으며 흥얼거리는 기분이 나쁘지 않다. 과거를 미화해서가 아니라 오늘에 감사해서라는 것을 안다.

오늘이 어떤 모습이든 나는 감사한다. 가끔은 스스로를 지옥에서 걸어 나온 사람이라고 상상한다. 지상에서 나쁘다고 해도 그때보다 나쁠 순 없기에 두려울 게 없다.

믿는 건 통장 잔고가 아니라 주어진 삶을 한 땀 한 땀, 모든 순간을 겪으며 성장해 온 나 자신이다.

내가 아주 어릴 때부터 엄마는 임종 노인을 돌보는 가정부에서부터 파출부, 식당 직원, 시장 상인, 노점상 일을 가리지 않고 늘 힘들게 돈을 벌었다. 그중에서 엄마 인생에 가장 힘든 때가 저 모래내 시장과 송림동에서의 시절이었다고 한다.

고등학생 두 딸을 키우고 대학에 보낼 걱정으로 엄마는 아무리 추워도 장사를 쉴 수 없었다. 이제는 제법 여유롭게 사는 나는 엄마랑 가끔 추억에 잠겨 길거리에서 호두과자나 꽈배기를 사 먹을 때가 있다.

예전에 엄마가 만들었던 맛이 나질 않는다고, 엄마가 만든 게 역시 최고였다고 말하면 엄마는 그 옛날 반죽에 담긴 자기만의 비법에 관해 이야기하며 자랑스러워한다. 정말로 그때처럼 맛있는 찹쌀도나쓰와 호두과자는 지금껏 다시 먹어보지 못했다.

동생은 재수를 했고, 엄마의 고생은 일 년 더 연장되었다. 재수학원에 다니는 데도 돈이 들었기 때문이다. 그때 동생은 술에 취해 정신을 못 차리는 나를 원망했다. 온 가족이 고생이고, 자기는 대학에 들어가지 못해 한인데 너는 왜 그 꼴로 사냐고.

동생은 두 번째 입시에서도 좋은 성적을 냈지만 대학은 장학금을 받을 수 있는 곳으로 최하향 지원을 했다. 어려운 시절이어서 그런지 동생보다 더한 하향지원이 있었다. 동생은 서울 밖의 대학에 학부 전체 차석으로 입학해 4년 내내 장학금을 받았고, 수석으로 졸업했다.

내 안에는
그윽한 사랑이 있다

시루떡과 딸기잼, 내 사랑의 원천

할머니는 해방 후 혼란 통에 경찰이었던 첫 남편을 잃고 청상이 되었다고 했다.* 나중에 『태백산맥』을 읽은 나는 할머니의 전 남편이 공산주의자의 손에 죽었을 것이라고 짐작했다. 할머니는 평생 '빨갱이'를 저주하셨으니까 아마 틀리지 않을 것이다.

할머니는 본래 익산 사람인데 처음에 부안으로 시집갔다. 6.25

---

* 이 글에서 할머니, 할아버지는 내 엄마의 부모를 칭한다. 나는 엄마의 부모에게 '바깥 외'를 쓰고 아빠의 부모에게 '가까울 친'을 쓰는 것이 못마땅해 꼭 필요한 일이 아니면 '외할머니'나 '외할아버지'라는 단어를 쓰지 않는다.

전쟁 때 남편과 시댁 식구들을 모두 잃었다. 과부가 된 지 얼마되지 않아 논산에 사는 할아버지와 재혼했다.

그때 겨우 스무 살 무렵이었고, 아이도 없는 몸이었지만 재혼 상대였던 할아버지는 딸을 셋이나 둔 홀아비였다.

할머니는 할아버지와 결혼한 후 딸 넷과 아들 넷을 낳았고, 남편이 데리고 온 전처의 딸 셋까지 해서 무려 열한 명의 아이를 키워냈다. 우리 엄마는 할머니가 낳은 네 번째 자식이며 두 번째 딸이다.

할아버지는 국민학교 교장을 지냈다고 한다. 엄마와 형제들은 교직자에게 주어지는 사택에서 살아서 이웃의 존경과 부러움을 받았다.

모두가 어려웠던 시절이니 엄마도 풍족하게 자란 것은 아니지만 가난한 이웃들에 비하면 그래도 형편이 나았다. 할아버지는 엄하게 표준어 교육을 해서 엄마는 사투리를 거의 쓰지 않고 자랐다.

엄마는 바로 옆 동네의 무지렁이 농부 집안의 셋째 아들이었던 아빠와 결혼했는데 처음에 시집가서 시댁 식구들이 쓰는 충청도 사투리가 너무 심해서 이질감을 느꼈을 정도라고 한다.

할아버지는 내가 아주 어릴 적에 돌아가셨다고 해서 기억에 없지만 할머니는 내가 대학교 졸업할 때 총장에게 상을 받는 모습도 보시고, 결혼하는 모습도 보시고 돌아가셨다.

성차별이 심한 집안에서 자란 여자들의 이야기를 들으며 내가 자란 환경을 생각하면 조금 신기하게 느껴지기까지 한다. 할머니는 둘째 딸의 맏딸인 나를 끔찍이 아끼셨고 나는 어릴 때부터 그걸 느꼈다.

예를 들어 할머니는 나를 '떡보'라고 불렀는데, 내가 떡을 잘 먹어서 그랬다. 사실 워낙 없이 살다 보니 뭐든 먹을 게 생기면 맛있게 잘 먹었던 것일 텐데 할머니는 내가 떡을 유난히 좋아한다고 생각하셨던 것 같다.

어느 해인가 내 생일날에 할머니가 직접 쌀을 들고 나가 팥시루떡을 한 말이나 해 주시고는 김이 모락모락 나는 시루를 열며 "우리 떡보 많이 먹어라." 하셨다.

아니, 아무 날도 아닌 때에도 오랜만에 만나는 날이면 할머니는 나를 위해 쌀 한 말을 들여 떡을 하곤 하셨다. 나는 지금도 인절미나 절편, 가래떡처럼 차진 떡보다 팥고물이 잔뜩 들어간 시루떡처럼 멥쌀로 지은 설기를 좋아한다.

삼베를 열면 뜨거운 김이 훅 끼쳐오는 갓 지은 떡을 시루째 선물 받아 본 기억이 생생하게 떠오르니까.

할머니가 나만 사랑했느냐 하면 그건 아닐 거다. 할머니가 돌아가시고 장례식장에서 열다섯 명이나 넘는 장성한 사촌들이 한자리에 모였는데 모든 손주가 할머니의 사랑을 특별하게 경험했고 할머니가 자기를 유난히 아꼈다고 생각하고 있었다.

할머니에겐 얼마나 많은 사랑이 있었을까? 손주들의 취향과 입맛과 성적과 특기를 알고, 명절마다 선물을 챙기고, 다녀가실 때마다 좋아할 음식을 챙겨 주셨다.

중요한 건 할머니가 딸과 아들을, 손녀와 손자를 차별하지 않고 사랑하셨다는 것이다.

생각해 보면 전처의 자식을 뺀다 해도 할머니에겐 여덟 명의 자식이 있고 그 자식들이 각각 2~3명의 아이를 낳았으니 내가 할머니의 사랑을 특별히 독차지했을 리 만무하다.

하지만 나는 수많은 사촌의 경쟁을 뚫고 할머니를 몇 번이고 독점했던 기억을 가지고 있고, 그 기억들이 너무 특별해서 생각할 때마다 행복해진다.

나는 특별한 사랑을 받은 것이 틀림없다. 사촌 중에 누구도 떡을 시루째로 받아본 사람은 없을 것이니까.

내가 할머니를 독점할 수 있었던 이유는 우리 집이 제일 가난했고 우리 엄마가 제일 고생했기 때문이다. 어엿한 중산층이라고까지는 못해도 전업주부로 사는 행운을 얻은 이모나 숙모들은 자녀들을 직접 보살폈기 때문에 다른 사촌들은 할머니에게 맡겨질 일이 별로 없었다.

엄마는 스무 살에 나를 낳았는데 남편이 대책 없이 무능했다. 젊은 나이에 허리 수술을 해서 힘든 일을 도무지 해내질 못했고, 그런다고 배운 기술이 있는 것도 아니어서 굶어 죽기 딱 좋았다.

일복이 터진 엄마는 아이 둘을 다 데리고 있을 만큼 한가해지지를 못했다. 나는 어릴 때 여러 번 할머니 집에 맡겨졌다. 동생은 너무 어려서 떼어놓질 못하고 조금 큰 나라도 할머니에게 맡겼던 것이다.

할머니 집이 있는 곳은 논산시 양촌면 신기리로 예전에는 수정처럼 맑은 물이 흐르는 시냇가에 바짝 붙은 시골집이었다.

자갈이 깔린 시냇물은 너무 맑아서 맨눈으로도 물고기 떼를 볼 수 있고, 바위를 들면 새우와 가재가 나왔다. 사람들이 자갈밭에 돗자리를 깔고 피라미를 잡아 찌개나 라면을 끓여 먹곤 했다.

할머니 집에 방이 여러 개 있어서 나는 여러 방을 돌아다니며 숨바꼭질하고, 벽장이나 다락에 올라가기도 하고 할머니 뒤를 졸졸 쫓아다니며 종알거렸던 기억이 있다.

할머니는 자기 친동생의 자녀나 손녀들도 돌보곤 했기 때문에 나에게는 5촌이나 6촌쯤 되는 언니들이 할머니 집에 머무르고 있을 때도 있었다.

어린 나는 이 언니들에게 제법 귀여움받았다. 언니들이 말끝마다 '거시기혀서 거시기했당게~'라고 하는 게 재미있어서 거시기를 도대체 몇 번이나 하나 손가락으로 세다가 꿀밤을 맞은 기억도 난다.

언니들과 어디 구경하고 돌아오는데 저 산 위에 변태가 있다고 해서 보니 어떤 미친놈이 산꼭대기에서 마을을 내려다보며 자위를 하고 있었다. 그땐 그게 자위인지 뭔지도 몰랐지만, 나중에 보니까 그게 그 짓이었다.

그런 걸 알고 경험하기엔 너무 어렸지만, 그때는 아이들이 그런 식으로 세상을 배우는 일도 종종 있었다.

어느 날은 할머니가 50원짜리인지 100원짜리인지 동전을 주며 가게에 가서 먹고 싶은 것을 사도 좋다고 했다. 나는 기분이 너무 좋았다. 마음대로 쓸 수 있는 용돈을 받았다는 것도 좋고, 가게까지 가는 길은 큰길 하나인데 그 길을 혼자 걷는다는 것이 특히 좋았던 것 같다. 할머니가 나의 독립을 인정한 것이라고 할까?

길을 걷다가 실수로 동전을 떨어뜨렸는데 땅바닥을 또르르르 굴러가서 빙글빙글 돌다가 멈추는 게 재밌었나 보다. 나는 동전을 주워서 다시 떨어뜨렸다. 동전이 또 저만치 굴러가다 멈춘다. 동전을 또 굴린다. 멈춘다. 또 굴린다. 멈춘다.

 그게 왜 그렇게 재밌었을까? 물리 실험이라도 하려는 거였을까?

 또 한 번 집어 들어 떨어뜨렸다. 그러다가 동전이 길가 수풀 사이로 쏙 들어가 버렸는데 아무리 찾아도 나오지 않았다. 풀을 헤치고 한참을 찾던 나는 결국 울음을 터뜨리며 오던 길을 되돌아 할머니 집으로 들어갔다.

 내가 큰 소리로 우니까 할머니가 깜짝 놀라서 안아준다. 나는 그 따뜻한 품이 좋다. 충분히 어리광부릴 수 있어서 좋다. 동전을 실수로 잃어버렸다고 했지, 그 위험한 놀이를 사실대로 말하지 않았다.

 할머니는 나를 안아주고 눈물을 닦아주고 든을 주머니에 꼭 넣고 가야 한다며 새 동전을 주었다. 나는 주머니에 동전을 넣고 손에 땀이 나도록 꽉 쥐고 다시 가게로 걸어간다.

 다른 날의 기억도 있다. 혼자 길을 걸어가는데 저쪽에서 마을 아이들 몇 명이 신이 나서 걸어온다. 오빠들이 어디서 뱀을 잡았는지 주웠는지 뱀의 목에 노끈을 감아 질질 끌고 개선장군처럼 걷고 있다.

개울가에서 그걸 지켜보던 아저씨들이 꼬마들에게 그 뱀이 어디서 났는지 묻고, 아저씨에게 팔라고 한다. 아이들은 푼돈에 사냥감을 팔았다.

그러고 나서 돌아오는 길에 보니 개울물이 시뻘겋게 물들어 있다. 아마 저 위에서 아저씨들이 뱀의 배를 가르고 내장을 제거한 후 요리했을 것이다.

어린 나는 빨갛게 물들어 흐르는 개울물을 보며 걸어간다. 호기심이 발동해서 좀처럼 눈을 떼지 못하면서 그 붉은 물을 관찰한다.

나중에 교회에서 출애굽기의 첫 번째 재앙에 관해 배울 때 이 장면을 떠올렸다. '피로 물든 나일강이라니…. 나는 피로 물든 강을 이미 보았지.' 이런 생각을 했던 것 같다.

비가 엄청나게 많이 왔던 밤이 생각난다. 할머니의 걱정하는 소리에 나가보니 시냇물이 불어서 냇가에 바짝 붙은 할머니 집을 삼킬 것처럼 넘실대고 있었다.

장마철에 나는 처마 아래 댓돌에 깊게 파인 홈에 빗방울이 뚝뚝 떨어지는 걸 한동안 지켜보고 있다. 한 방울씩 떨어진 물이 돌을 뚫을 수 있다는 것이 신기해서 그날 이후로 그 돌을 매일 관찰하고, 비가 올 때마다 그 돌 앞에 앉아 있곤 했다.

인천 집에 돌아가서 지내다가 일 년 만에 다시 할머니 집에 가면, 비 오는 날을 기다려 그 돌 앞에서 물방울이 바위를 뚫는 기적을 응시했다.

할머니 집 바로 근처에 시냇물을 가로지르는 아주 작은 댐이 있었는데, 비가 오고 나니 물이 거친 소리를 내며 흘렀다. 시골의 작은 댐은 어설프게 판자 같은 걸로 얹어 놓은 모양이라 위험해 보였다.

그 위를 할머니의 손을 잡고 건너 가려니 무서워서 다리가 후들후들 떨린다. 할머니는 내 발을 살펴주고 손을 꼭 잡아주면서 나에게 용기를 준다. 눈을 절반쯤 감고 할머니의 손을 꽉 붙들고 그 센 물살을 외면하며 겨우 건넌다.

시내 건너편에는 거짓말처럼 온통 딸기밭이 펼쳐져 있다. 그때 딸기밭을 처음 보았는데 그 초록 잎과 빨간 고육, 흰 꽃이 어우러진 모습 달콤한 향기가 강렬한 인상으로 남아 있다.

노지의 딸기밭에 주먹만 한 딸기가 주렁주렁 열렸다. 할머니는 그냥 따 먹어도 된다고 했다.

논산 딸기는 지금도 유명하지만, 그때 나는 딸기가 논산의 특

산품이라는 것을 알기엔 너무 어린 나이였다. 그저 무서운 물을 건넌 후에 만난 드넓은 딸기밭, 그 아찔한 향기, 입안 가득 퍼지던 달콤한 과즙 같은 것의 느낌이 대조적으로 선명하게 남아 있다.

어느 날인가는 혼자서 집을 지키고 있는데 동네 아주머니가 전도사님 계세요? 하며 할머니를 찾았다. 안 계신다고 하니 아주머니는 커다란 소쿠리에 가득 담긴 딸기를 내려놓으며 할머니하고 맛있게 먹으라고 하셨다.

할머니가 돌아오기까지 먹고 싶은 것을 참으며 딸기 소쿠리를 바라보고 있다가 할머니의 발소리를 듣고 깡충깡충 뛰어가 누가 딸기를 잔뜩 주고 갔다고 말했다.

할머니가 그중 제일 이쁘고 큰 딸기를 골라서 입에 넣어 준다. "딸기가 많기도 하네. 우리 지혜, 할머니가 딸기잼 만들어 줄까?" 할머니는 아궁이에 장작을 넣고 불을 피운다. 커다란 솥단지에 딸기와 설탕을 넣고 큰 나무 주걱으로 저어서 딸기잼을 만들었다.

이 과정을 호기심 어린 눈빛으로 열심히 살펴본다. 할머니는 큰 주걱을 맡기며 나에게 한 번 저어보라고 하고, 나는 있는 힘껏 저어보지만 쉽지 않다.

시판 딸기잼보다 덜 끈적거리고 덜 달고 색깔도 예쁘지 않지만, 과육이 살아 있는 수제 딸기잼을 지금도 좋아한다. 집에서 만든 딸기잼에서는 할머니의 손맛이 느껴져서 정답다.

어느 날 그 맛이 유난히 그리워서 쿠팡에 '수제 딸기잼'이라고 검색하여 비슷한 맛이 나는 잼을 구했다. 친구들에게 수제 딸기잼을 대접했더니 그 맛에 놀란다. 이런 거 처음 먹어 보냐며, 집에서 만든 잼은 이런 맛이 난다고 실컷 아는 척하며 할머니에 대한 기억을 이야기했다.

그랬더니 할머니가 만들어 주시던 딸기잼이라는 말이 마치 할머니가 만들어 주신 감바스나 할머니 손맛이 담긴 라자냐라는 말처럼 이국적으로 느껴진다며 친구들이 웃는다.

그런가? 원래 딸기잼은 할머니가 아궁이에 장작 넣고 불 때서 솥단지에 뭉근히 끓여서 만들어주는 게 아니었어? 하고 짐짓 놀라는 내 모습이 스스로 조금 우습고 즐겁다. 나에게 이렇게 풍요롭고 사랑 넘치는 기억이 있는 것은 다 할머니 덕분이다.

1학년 때인가, 방학에 나는 또 할머니 집에 맡겨졌다. 할머니가 만들어준 딸기잼을 먹고 동네 아이들과 뛰어놀기도 하며 즐거운 나날을 보내던 어느 날, 엄마에게서 편지가 왔다.

편지로 소통하다니 참 옛날이지. 계산해 보면 그때가 1985년이나 86년쯤 되었을 것이다. 우리 집에는 아직 전화기가 없었다.

할머니는 하얀 봉투를 들고 와 나를 옆에 앉히고는 봉투에 쓰인 글씨를 읽어주었다. 받는 사람은 서보라. 할머니 이름이다. 할머니는 서 씨이고 원래 이름은 점순이다. 그렇지만 점순이라는 이름이 싫어서 보라로 개명하셨다. 여기서 우리 할머니가 얼마나 신여성이었는지 알 수 있다.

그때는 법적 개명이 어려워서 서류상으로는 여전히 점순이었지만 할머니는 사회생활을 하며 전도사로 이름을 날릴 때는 훨씬 세련되고 젊은 이름으로 활약하고 싶어 했다. 게다가 보라라니, 얼마나 예쁜 이름인가? 지금 태어나는 아기에게 붙여도 아무도 촌스럽다고 하지 않을 이름이다.

할머니가 나를 곁에 바짝 앉히고 편지를 한 자 한 자 읽어준다. 금요일 밤, 엄마가 동생을 재워놓고 철야기도를 간 사이에 동생이 혼자 일어나 울고 불고 하며 소리 지르다가 엄마를 찾아 밤길을 헤매고 다녔단다. 자정 가까운 시각에, 학교도 안 들어간 어린 아이가 밤길을 울며 걸어서 교회에 나타난 것이다.

어린 동생이 혼자서 잠을 자는 일이 걱정되니 나를 인천으로 다시 불러와야겠다는 것이다.

엄마는 일하면서 애를 둘씩이나 돌보기가 힘들어 누군가를 떼어놔야 할 때는 큰 나를 떼어놓았다. 동생은 어리니까 떼어놓을 수 없어 끼고 지냈다.

그때 나도 커 보았자 겨우 일곱 살이나 여덟 살인데도 엄마에게 나는 '큰애'이기 때문에 항상 나는 어딘가로 보내진다. 나는 엄마와 헤어지기 싫지만, 운명을 받아들인다.

낯선 환경, 낯선 고장에 적응하고 할머니의 사랑을 듬뿍 받으며 최고의 행복한 순간을 누릴 때 엄마가 나를 다시 불러들였다. 동생이 외롭고 힘들고 불안할까 봐. 동생을 돌보기 위해서.

내 역할은 엄마의 짐이 되지 말고 얌전히 할머니와 지내다가 필요하면 엄마를 도와 동생을 돌보기 위해 다시 그 곁으로 가는 것이다.

집으로 돌아가기 싫었다. 할머니와 시골에서 더 지내고 싶었다. 할머니 품에 안겨 더 응석받이로 지내고 싶었다. 오로지 나를 위해 커다란 솥단지에 푹 고아서 만들어주는 딸기잼을 더 먹고 싶었다.

동전을 잃어버리고 울어도 토닥거려 주고 눈물을 닦아주고 달래주는 할머니 곁에서 머무르고 싶었다.

하지만 나는 곧장 집으로 돌아가게 되었다. 할머니는 나를 데리고 논산에서 인천까지 먼 여정을 떠났다. 할머니가 엄마를 위해서 그 먼 길을 손녀딸을 데리고 왔다 갔다 했다는 게 놀라운 이유는 할머니에게 자식이 열한 명이나 있고 손자와 손녀는 그 두 배로 많았기 때문이다.

　내가 귀하지 않았으면 할머니가 이렇게까지 했을까?

신은교회 설립자 서보라

할머니는 시골 교회의 전도사님이었다. 논산에서 할머니는 꽤 유명했는데 할머니에게 기도를 받으러 멀리서 찾아오는 신도들도 있었을 정도였다. 아주 가끔은 대전에 있는 교회 부흥회에 초빙받아 다니기도 하셨다.

할머니는 설교하고, 기도하고, 예배를 이끄는 일을 오랫동안 사명으로 삼으셨다. 할머니는 많이 배우진 못했어도 세상 이치에 밝고 사리 판단이 분명한 분이었다.

할머니의 이름이 높아지고 이웃 마을 사람들에게까지 존경받으니 교장이었던 할아버지는 그걸 참을 수 없었다. 할아버지는 할머니를 심하게 때렸고, 욕했고, 마을을 끌고 다니며 모욕을 주기도 했다고 한다.

할아버지는 할머니가 밖으로 돌며 사회생활을 하는 것이 못마땅했을 것이다. 그러나저러나 할머니는 굽히지 않고 전도사로 살며 다른 지역까지 나가서 설교하거나 부흥회를 하고 기도를 하러 다니곤 했다.

할머니가 열한 명의 아이를 키우면서도 엄마로서만 살지 않고 사회생활을 했기 때문에 자녀들의 반발도 꽤 컸다. 이모들과 삼촌들은 할머니를 온전히 이해하지 못했고, 원망이 크기도 했다. 다른 엄마들처럼 자식들에게 헌신적이지 않았기 때문이었을 것이다.

우리 엄마와 이모 한 명만 가장 처음부터 끝까지 신앙을 지키며 할머니의 뜻을 따라 살았다. 물론 지금은 할머니의 자식 중에 교회 다니는 사람이 더 많아졌다.

신기리에는 할머니가 세우고 오랫동안 사역하던 작은 교회 건물이 지금도 남아 있다. 혹시나 하고 검색해 보니 젊은 목사님 부부가 아기를 키우며 감리교회를 운영하고 있다.

이분들께서 유튜브에 여러 영상을 올려서 교회 내부 모습까지 확인할 수 있는 행운을 얻었다. 주인이 여러 번 바뀌면서 교회의 내외부 모양엔 변화가 많지만, 없어지지 않고 그 자리에서 계속 교회의 역할을 하고 있다는 게 신기해 여러 영상을 뒤적이며 추억에 잠겨 본다.

지금은 흔적이 없지만 내가 어릴 때는 교회 마당 한가운데 앵두나무가 한 그루 서 있었다. 어린 나는 지루한 예배가 끝나기를 기다리며 앵두를 따 먹었다. 앵두나무는 내가 빙 돌아가면서 열매를 따 먹을 수 있을 정도로 아담했다.

그 교회는 엄마가 결혼하기 전 10대 후반에 열심히 봉사하고 예배하던 곳이기도 하다. 교회의 온도와 습도, 냄새, 그곳에서 흘러나오던 찬송가 소리와 기도 소리까지 모두 기억할 것 같은 느낌이 든다. 할머니의 일이 끝나길 기다리다가 누워 잠이 들기도 한다.

따뜻하고 평온하다. 나는 그때도 가난했지만 아직 가난을 몰랐고, 인간관계의 고통도 세상의 풍파도 겪기 전이다. 할머니는 나에게 최초의 따뜻한 기억이다.

할머니는 그 동네에 마련된 선산에 할아버지와 나란히 묻히셨다. 우리 가족은 아주 가끔 그곳에 간다. 최근에 간 게 4년 전쯤인 것 같다.

할머니 묘소 앞 잔디밭에 돗자리를 깔아놓고 과일을 깎아 먹고, 엄마는 쑥과 냉이를 캐러, 아빠는 벌초하러, 나와 동생은 옛날얘기를 하며 천천히 걷고, 아이들은 잔디밭을 뛰어다니며 작은 벌레에도 갖은 소동을 피운다.

산소에서 나와 예전에 그렇게 크고 없는 게 없어 보이던 시골 구멍가게 앞을 걷는다. 할머니의 교회가 보인다. 교회에서 조금만 걸어 내려가면 할머니 집이고, 그 아래는 시냇물이 흐르고 그 건너에는 아찔한 딸기밭이 있었다.

영원히 개발되지 않을 것 같은 낡고 낡은 시골 동네가 모두 비슷하듯 사람이 적고, 빈터는 황량하며 쓰레기가 아무렇게나 버려져 있다.

할머니가 살던 집은 이제 낡아서 아무 멋이 없이 바랬다. 작은 방 여러 개와 마당에 지은 천막은 도심에서 휴양하러 온 교인들이 수련회와 물놀이를 겸해 즐길 만했다.

할머니가 집을 팔고 나서는 펜션으로 활용되었다. 네이버에 검색해 보니 아직도 있다. 한옥의 정취는 없어졌고, 내가 어릴 적 뛰놀던 너른 마당엔 큰 수영장 두 개가 파였다. 지하수를 끌어올려 '시냇가유원지'라는 이름으로 운영되고 있는 것 같고, 블로그에 여러 방문 후기 글이 쌓여 있다. 나는 여러 후기를 찾아보며 펜션에서 옛 흔적을 찾아보지만 별 소용이 없다. 그러나 아직도 그 자리에 그 집이 존재한다는 것이 위로된다.

눈처럼 하얀 조약돌이 끝없이 깔려 수정처럼 맑던 시냇물은 이제 없다. 조약돌은 벌써 수십 년 전에 서울이나 경기도, 아니면 대전이나 세종의 어느 아파트 건물을 꾸미기 위해 포크레인이 와서 다 퍼가 버렸다.

흙바닥이 드러나자 수초가 무섭게 자라났고, 물은 전보다 흐려졌다. 건너기 무서워 벌벌 떨던 댐을 다시 보니 너무 작아서 우습다. 지금 가 보면 할머니의 집도, 교회도, 길도, 시냇물도 모두 작아도 너무 작다.

그때 나는 얼마나 작았던 걸까?

어릴 때 추억이 깃든 장소는 모두 신도시가 되어 밀려 나갔는데 논산시 양촌면만은 너무 시골이라 발전 가능성이 없어 그때 모습 그대로 박물관이 되고 있다는 것이 위로라면 위로라고 할 수 있겠다.

모습은 변했을지언정 그 집과 교회, 그 시냇물이 거기 있고 할머니가 거기 묻혀 있다는 것 때문에 나는 향수라는 것을 느낄 수 있다.

요즘 어릴 적 생각을 많이 하는데 미화된 기억은 있어도 진짜 좋았던 기억은 별로 없다. 내 삶에 유일하게 따뜻하고 풍요로운 기억들은 학교도 들어가기 전 할머니와 함께했던 일이다.

할머니는 내가 크는 동안에 다른 손주들에게와 마찬가지로 애정을 보내주셨지만, 나는 할머니에게 내가 특별한 손녀였다고 기억하고 싶다.

나에게 사랑받은 기억이 있어서 다행이다. 어쩌면 나는 이 힘으로 살아왔을지도 모른다.

할머니가 커다란 옹기 시루에 곱게 빻은 쌀을 한 바가지 붓고 평평하게 펼친다. 팥고물을 한 사발 넣고 얇게 펼친다. 그 위에 다시 쌀가루, 또 팥고물을 반복해서 올린다. 삼베로 맨 위를 덮고 옹기 뚜껑을 닫아 불에 올린다.

성경 이야기를 들려주고 찬송가를 불러주며 떡이 익기를 기다린다. 뚜껑을 열고 삼베를 걷으니 뜨거운 김이 훅 올라오는 달콤한 시루떡.

　우리 이쁜 손녀딸. 우리 떡보! 할머니가 떡보 먹으라고 떡 맛있게 했지~!

할머니는 뜨거운 떡을 후후 불어 천천히 먹으라며 내 등을 토닥이고 머리를 쓰다듬어 준다. 따뜻하다.

나는 그걸 먹고 컸구나. 궁핍하고 차가웠던 유년 시절, 아픈 기억으로 가득 차 있는 내 안에서 사랑이 나온다면 그건 바로 할머니가 오롯이 나를 위해 만들어 준 시루떡과 할머니의 손맛이 담긴 딸기잼 덕분이 아닐까?

올봄에는 할머니 산소에도 가고 할머니 집과 교회도 보러 가야겠다. 논산에 딸기가 지천일 때. 호젓이 홀로. 할머니와 나와 둘만의 시간을 보내야지.

적조의 통영과 소라게

 꼭 가난한 우리 집만이 아니더라도 그 시절 여느 아이들이나 긴 방학이 시작되면 시골 할머니 댁이나 친척 집에 몇 주, 혹은 한 달씩 맡겨지곤 했다.

 여름엔 삼촌들과 물고기 잡으며 멱을 감고, 겨울엔 이모의 손에 끌려 묵은때를 벗기러 읍내 목욕탕에 가 본 추억이 저마다 있는 것이다. 여름엔 모깃불을 켜고 감자나 옥수수를 쪄 먹고 겨울이면 아궁이에 밤이나 땅콩을 구워 먹던 기억이.

 도시의 아이들은 한두 달씩 시골 생활을 하고 다시 집으로 돌아갈 때가 되면 시골 친구들과 헤어지기 못내 아쉬워 손을 꼭꼭 잡고 다음 방학에 보자고 약속한다. 다음 방학에 훌쩍 자란 소꿉놀이 친구를 만나 다시 들로 산으로 뛰어다닌다.

엄마의 사랑을 덜 받아서 시골로 보내졌다고 생각하는 나조차도 이런 추억이 전혀 없다는 사람을 만나면 측은하게 생각할 수밖에 없다. 방학에도 온전히 도시에서 지내며 학원의 텐텐반 특강(방학 중 아침 10시부터 밤 10시까지 진행되는 학원 프로그램)을 들으며 자랐다는 아이들을 보면 애처롭다.

내가 중학교에 막 들어갔을 때, 아빠는 신학생이 되었고 우리집이 막 더 심한 가난으로 굴러떨어지기 직전이다. 할머니는 논산의 시골집을 팔고 통영으로 갔다. 그해 여름에 통영의 한 포구 마을에서 할머니의 보살핌을 받으며 신나게도 놀았다.

바닷가 작은 포구 마을의 풍경을 처음 만났던 순간이 생생하게 기억이 난다. 인천에 살아도 가끔 연안부두로 바람 쐬러 가 본 것 외에 바닷가에 여행 갈 일이 많지 않았기에 통영의 바닷냄새가 유난히 진하게 느껴졌다.

둥글고 아담한 포구엔 작은 고깃배가 가득 들어찼다. 길에는 굴껍데기가 무더기로 쌓였다. 몇 발짝만 걸어가면 또 한 무더기,

조금 더 가면 더 큰 무더기가 쌓였다. 굴이라는 걸 알아볼 줄만 알았지 먹을 줄은 몰랐던 나는 이렇게 많은 굴을 누가 다 먹고 껍질을 쌓았나 궁금했다.

포구 옆으로는 작은 집이 옹기종기 모여 있다. 게딱지같이 소박한 집들이다. 할머니는 바다로 대문이 난 작은 집에 정착했다. 이전에 살던 집과 비교도 안 될 정도로 소박했다. 논산 집은 기도원이나 펜션으로 활용되었을 정도로 방이 많고 마당이 넓었으니까.

시멘트를 바른 마당에는 수도꼭지가 달려 있어서 밖에 나갔다 오면 항상 발을 씻었다. 이리저리로 게가 기어다녔다. 재미로 작은 게와 소라게 같은 걸 몇 마리 잡아 대야에 담아 놓으면 밤새 다 도망갔다.

그곳에서 할머니는 동네 아이들을 돌보고 먹였다. 공부방도 별로 없던 시절에 학교 끝난 아이들, 부모가 일하러 간 사이 집에 남겨진 아이들을 불러 모아 성경 이야기도 들려주고 복음성가도 불러주면서 전도하는 것이 할머니의 일이고 기쁨이었다.

그런 할머니가 내 할머니라는 것이 자랑스러웠다. 온 동네 아이들이 좋아하며 전도사님! 전도사님! 하며 따르는 그 어른이 바로 내 할머니라는 것.

사실 이 글을 쓰려고 작정했을 때만 해도 그때 내가 몇 살쯤 먹었을 때의 일인지 기억이 잘 안 났다. 4학년이나 5학년이었을 것 같기도 하고 그보다 더 큰 후일 것 같기도 하다. 한참 사건과 시간을 끼워맞춰 보다가 중요한 단서가 하나 떠올랐다.

통영 앞바다에 대한 첫인상은 심한 악취와 피로 물든 듯 빨개진 바닷물이다. 할머니 집에 머무는 며칠 동안 작은 고깃배들은 포구에 묶여 있었고, 굴 껍데기는 산처럼 쌓이기만 했다.

본래 남해가 얼마나 아름다운지 알 리가 없었던 나는 월미도나 연안부두에서 만난 바다도 별다른 바 없다고 생각했기에 그런대로 견뎠던 것 같다. 바다에서는 대개 불쾌한 냄새가 나며, 포구는 원래 좀 지저분한 법이고, 서해가 누렇다면 남해는 조금 붉을 수도 있는 게 아닌가?

우리나라에서는 1990년대부터 남해 전역에서 적조가 발생했다. 언론 기록을 찾아보니 1992년 통영에 적조 피해가 특별히 심각했다고 나온다. 1992년이면 내가 중학교 1학년 때다. 맞다. 그때 내가 본 것이.

방학이 끝나 집으로 돌아온 후에 신문인지 텔레비전 뉴스인지에서 적조 현상과 그 대책에 관해 논하는 걸 보고 통영에서 보았던 굴 무덤과 붉은 바다에 관해 아빠에게 설명하기도 했다.

어느 날은 마을 아이들이 바다 수영을 가자고 했다. 물이 더러워서 들어가면 안 된다고 할머니가 경고했지만, 아이들은 깨끗한 물을 알고 있다고 했다. 나는 할머니의 허락을 받고 아이들과 놀러 나갔다.

포구를 끼고 왼쪽으로 크게 한 바퀴 돌았던 것 같기도 하고, 꽤 걸었다. 바닷물을 채워 배가 드나드는 포구에서는 수영할 수 없지만, 마을을 돌아 나가니 작은 조약돌이 아름답게 펼쳐진 바닷가가 나왔다.

적조가 닿지 않아 맑고 얕은 바닷가는 지리를 잘 아는 현지인만 갈 수 있는 숨은 명소였다. 통영에서 지낸 지 일주일이 넘어서야 나는 진짜 남해를 만날 수 있었다.

우리는 마음 놓고 바다에 들어가 물장구를 치고, 동네 아이들은 수영했다. 깨끗한 조약돌 사이사이로 갖가지 색깔과 모양의 소라게가 기어다녔다. 그때 나는 소라게라는 걸 처음 보았는데, 그림책에 나온 것처럼 예뻤다.

나중에 제주 협재 해변에서도 딸아이와 함께 소라게를 많이 잡고 놀았는데, 생김새가 정말 다르다. 제주도 현무암에 붙어 사는 까만 고둥의 껍데기를 입은 소라게는 나름 귀엽긴 하지만 아름답다고 하긴 어렵다.

어릴 적 통영에서 본 소라게는 알록달록 모양도 크기도 다 달랐다. 그렇게 예쁜 소라게를 지금까지도 다시는 보지 못했다. 내가 정말 그때 그걸 보았던 걸까? 지금도 통영의 숨겨진 바다에 가면 알록달록한 소라게를 만날 수 있을까?

'남해 소라게'나 '통영 소라게'를 검색해 보아도 내가 본 소라게를 봤다는 사람이 없다. 내가 꿈이라도 꾼 것일까?

며칠 뒤 엄마와 아빠가 나를 데리러 통영에 왔다. 우리 가족은 남해를 드라이브했다. 거제대교를 건너며 본 바다는 짙고 푸르렀다. 그렇게 아름다운 바다는 이제껏 본 적이 없었다. 월미도나 연안부두에서 보는 물과 남해에서 보는 물을 똑같이 바다라고 부르는 것이 왠지 억울한 일 같았다.

이것으로 나는 알 수 있었다. 적조는 멀리서 보는 큰 바다에서는 잘 느낄 수 없다. 또 아주 작고 얕은 해변에서도 체감하기 어렵다. 그 사이 어딘가에서 적조가 발생한다.

소라게를 잔뜩 잡아 와서 할머니 집 마당의 대야에 담아두고 종일 관찰했다. 수돗가 옆으로 꽤 큰 게 한 마리가 지나가길래 그것도 잡아서 담았다. 할머니는 싫은 소리 한마디 하지 않고, 내가 잡아온 것들을 그 자리에 둔다.

애들이 어떻게 자라는지 너무나 잘 아는 우리 할머니다.

돈 걱정 없이 사는 팔자

어제는 블로그 이웃의 글에서 잠시 사주에 관한 이야기를 나누었다. 그 후 저녁에 산을 오르면서 예전에 사주를 보았던 일에 관해 생각을 좀 하다가 어느 대목에서 빙그레 웃음이 났기 때문에 그걸 기록해 보려고 한다.

남의 말을 잘 듣지 않는 나는 살면서 사주를 딱 두 번 정도 보았는데, 모두 20년 전쯤 아주 친한 친구를 따라가서 본 것이다. 그중 하나는 쓸데없는 말만 늘어놓아서 한 귀로 듣고 흘렸다. 그러나 얼마 뒤에 범상치 않은 한의원 어르신에게 본 사주는 꽤 인상

적이어서 오랫동안 기억하고 있다.

내가 불러주는 생년월일시를 듣고는 본인이 더 신나서 풀이해주시던 어르신이 그날 하루에 한 말씀은 내가 그때까지 인생에서 들어본 최고의 칭찬, 기대, 동기부여, 긍정 확언이었다.

사주 따윈 믿지 않으며 내 운명은 내가 개척하는 거라고 크게 떠들긴 해도, 인생에서 그날 하루에 받은 영향은 말로 다할 수 없다.

사실 나는 사주를 보러 가도 물어볼 게 별로 없는 사람이다. 스스로를 너무 믿으니까 역술가에게 물어볼 게 없다. 주변에 타로를 보는 사람들이 몇 있는데 나에게 타로를 봐주겠다고 해도 심드렁하다. 신년 운세나 봐주겠다고 하면 재미로 그러시라고 하고는 좋은 말만 듣고 어설픈 건 귀로 흘리는 게 보통이다.

어릴 때 종교적인 환경에서 자란 반발심이 컸기 때문에 20년 전쯤에는 내가 아닌 바깥의 힘, 신이나 우주, 영혼 따위를 믿는 것이 탐탁지 않기도 했다. 오로지 나 자신만을 믿고 달릴 때였으니. 오만한 마음으로 가득한 치기 어린 시절이었다.

유년 시절 기대와 지원을 크게 받아보지 못하고 재능을 발견하거나 펼칠 기회를 얻지 못했던 나였기에 그때 그 어르신의 말씀은 놀라우면서도 쉽게 믿을 수 없는 것이었다.

그래서 당시에는 그렇게 좋은 이야기를 듣고도 엄청나게 신나거나 즐겁지는 않았다. 나를 잘 모르고 하는 사람의 말이라고 생각했고, 사주나 관상은 미신이라고 무시하는 마음도 약간은 있었다.

한 시간 넘게 묻지도 않은 말을 하면서 내 관상부터 오장 육부까지 모두 분석해 주시던 어르신이 이제 할 말은 다 했다며, 궁금한 게 있으면 물어보라고 하셨다.

재능, 명예, 인기, 학문적 성취까지 그렇게 좋은 말을 많이 해 주셨어도 나에게 중요한 것 딱 한 가지에 관해서는 별말이 없으셨다. 당시에 나는 사회 초년생으로 대형 학원에서 일하면서 가족을 부양하고 있었다. 수천만 원의 빚을 감당하면서 언젠가는 반드시 성공하리라는 야망을 품고 있었다. 나는 조심스럽게 여쭤보았다.

"제가 돈은 많이 벌 수 있을까요?"

20년이 지난 지금 보니 나의 속된 질문에 관한 그분의 답변이 놀랍도록 맞았다는 생각에 어제 산책길에 혼자 웃음을 지었던 것이다.

그분이 내 눈을 깊이 들여다보더니 빙그레 웃으며, 평생 돈 걱정 안 하며 살 테니 걱정하지 말라고 말씀하셨다.

어릴 적에는 돈 걱정 안 하고 사는 사람이 얼마나 부럽던지. 수학여행비가 부담스러워 불참하고 학교에서 자습한 적도 있고, 그 흔한 우유급식을 한 번도 신청해 본 적이 없다.

사주를 믿고 안 믿고를 떠나서, 어릴 적부터 서른 살 무렵까지 평생 지긋지긋하게 돈 걱정을 짊어지고 살아온 나에게 평생 돈 걱정 없이 산다는 말만큼 반갑고 믿고 싶은 말은 없었다. 내가 열심히 일하는 만큼 돈을 크게 벌 수 있을 거라는 뜻으로 알아듣고 그제야 마음을 놓았다.

이 어르신에게 사주를 본 다른 친구는 재벌 사주라는 말을 듣기도 했다는데 지금 어떻게 살고 있는지 모르겠다. 왜 나에겐 돈 걱정 안 하고 살 거라는 정도만 이야기해 주고 재벌 같은 사주라는 말을 안 해 주었는지 나중엔 약간 섭섭한 마음도 들었지만.

그런데도 직전까지 어르신께서 나에게 엄청난 말씀들을 해 주셨기 때문에 마지막 확인을 끝낸 후에 크게 만족할 수밖에 없었다. 내가 사주는 안 믿어도 이 할아버지는 무조건 믿어야겠다. 이분은 마치 나를 위해 내려온 신선 같다고 생각했다. 실제로 조금 말이 많은 신선 같은 분이었다.

빚만 없어도 세상 사는 게 뭐 그리 어려울까, 서울에 집 한 채만 가지고 자식 대학 등록금 겨우 내는 집안이라도 되면 살맛 나겠다고 생각하던 시절이었다. 결혼할 때 양가에서 단돈 오백만 원, 천만 원이라도 받았다는 친구들이 부러웠다. 남편과 나는 연애를 6년이나 하고 결혼했지만 아이 갖는 건 아직 엄두도 못 낼 때였다. 그러니 돈 걱정 없이 평생 산다는 데 감사하지 않을 이유가 있을까?

그래서 20년이 지난 지금 내가 큰 부자가 되었느냐고 묻는다면 전혀 그렇지 않다. 부자는커녕 아주 평범하다. 재산은 인천에 융자를 낀 평범한 아파트 한 채가 겨우 있을 뿐 쌓아 놓은 것이 별로 없다.

남편이 운영하는 학원이 하나 있어서 딸아이를 부족함 없이 가르치고, 일 년에 한 번 정도 가족끼리 가까운 동남아로 해외여행을 하며, 계절마다 캠핑을 즐기는 정도다.

그래봤자 이건 가계 생활 이야기고, 내 개인으로는 상황이 조금 더 안 좋다. 몇 년 전까지 무슨 일 좀 해본다고 벌이다가 진 빚을 조금 안고 있어서 이제 돈 되는 일 좀 다시 시작해 볼까 하며 다시 기지개를 켜고 있다.

그런데 그때 그 할아버지가 봐주신 사주팔자는 맞는 것 같다. 서른 살에 수천만 원 빚을 내 손으로 갚아 본 이후로는 돈 걱정을 별로 안 하고 산다. 없으면 대출을 받고, 있으면 갚아 나가면 되니까. 어릴 적에 정말 큰 빚을 일해서 갚아본 적이 있어서 그런지 벌면 다 된다는 생각을 늘 하고 있다.

실제로 마음만 먹으면 돈을 벌 기술과 길이 있기 때문에 걱정이 덜 되기도 한다. 큰 불안감 없이 하고 싶은 일을 해볼 수 있고, 새로운 길로 돌아가 볼 수 있다.

읽고 생각하고 쓰는 일을 많이 하다 보니 돈 자체에 관심이 적다. 먹고 입고 쓰는 것, 특히 꾸미는 것에 대한 관심이 적은 편이다. 작년 겨울처럼 반짝 돈에 관심이 생겨 관련 책을 여러 권 보고 경제적 자유를 원하는 사람들의 단톡방에 들어가 보고 생전 안 하던 투자 공부도 해 봐도 그렇게 오래 가지는 않는다.

같이 사는 사람이 나를 먹여 살려주기 때문에 아등바등할 필요성을 덜 느끼는 것도 있다. 크게 넘치지도 않지만 모자라지도 않게, 생긴 대로 살아갈 수 있다.

감사하게도 반려인은 나를 먹여 살려줄 뿐만 아니라 내가 사업을 한다고 자주 집을 비우든, 밥도 안 차리고 블로그에 글을 쓰든, 해외로 혼자 한 달 살기를 나가든 묵묵히 나를 지원하고 함께 있을 때 편안하게 해 준다.

평생 돈 걱정 안 하고 산다.

이 말은 큰 부자가 된다는 뜻도 아니고, 돈을 많이 번다는 뜻도 아니다. 그냥 돈 걱정을 안 하고 사는 정도인 것. 그렇지만 돈 걱정을 안 하고 사는 게 얼마나 행복한 일인지 생각해 보라.

돈 걱정을 안 한다는 건 누군가 계속 나를 먹여 살린다는 뜻이기도 하고, 스스로 먹여 살릴 힘이 충분하다는 뜻이기도 하다. 뜻이 있으면 길이 있다고, 필요할 때 적절히 도와주는 사람이 나타난다는 의미일 수도 있다. 돈 들이지 않는 취미를 가지고 있기에 없이 살아도 재밌다는 뜻이 되기도 하고, 타고나길 불안이 적고 대범하여 걱정을 타지 않는 성격이라는 뜻도 된다. 사람에 따라서는 한 직장에 매여 평생 일하지만 그걸 다른 사람보다 수월하게 해낸다는 뜻이 될 수도 있다.

스스로를 채우기 위해 필요한 것이 그리 많지 않다는 데 감사한다. 나는 작고 깨끗한 집에 살며 최소 생계비만 해결할 수 있으면 조금 떨어진 도서관에 걸어 다니며 책을 빌려보고, 블로그에 글만 쓰고 살아도 충분히 만족할 수 있는 사람이다. 입맛을 즐겁

게 하는 것으로는 커피의 질만 가장 중요하고, 다른 음식은 그렇게 가리지도 않으며 많이 먹지도 못한다.

그런 나에게 최신 인테리어를 한 깔끔한 아파트에, 매일 아침저녁으로 맛있는 음식에, 매달 캠핑에, 매년 해외여행에, 아이 교육까지 모자람 없이 시켜볼 수 있는 환경이 주어져 있으니 감사할 수밖에 없다.

나는 가끔 이런 감사한 환경 속에서도 투정을 한다. 하루 종일 밥도 청소도 빨래도 안 하고 신나게 책을 읽다가 밥 때가 되면 가족의 성화에 못 이겨 맛있는 식당으로 끌려 나간다.

캠핑과 여행 계획을 늘어놓는 남편에게 잦은 여행 때문에 (돈이 되지도 않는) 글을 쓸 시간이 부족해진다며 타박한다. 겨우 사흘간 떠나는 캠핑장에 책을 다섯 권이나 들고 가 내리읽으면 남편과 아이는 알아서 물놀이도 하고 산책도 한다.

어릴 때 가난과 결핍을 충분히 경험할 수 있었고, 스스로의 힘으로 큰 빚을 갚아볼 수 있었고, 자신의 한계를 시험해 볼 수 있었고, 책을 친구 삼을 수 있었으며, 사색의 힘을 기를 수 있었다. 그래서 지금은 두려움이 별로 없는 삶을 산다.

그러나 이것도 안락한 소파에 비스듬히 앉아 지난 얘기니까 이렇게 말하는 것이지, 터널을 지날 때는 죽고 싶을 만큼 괴로웠던 적이 많다. 경제적인 궁핍은 참을 수 있다고 해도 그로 인한 정신과 정서의 메마름을 견디는 것은 더 힘들었다. 그땐 돈도 열심히 벌었고, 출퇴근 길마다 무수한 책을 읽으며 영혼도 열심히 먹여 살렸다.

그때 그 한의원 어르신을 다시 만난다면 아마 나의 이런 성품도 사주팔자에 다 나온다고 할지 모르겠다. 지금의 내 모습을 보면서 다시 빙긋이 웃으실지도.

지금 나에게 운명이나 영혼, 혹은 우주의 힘을 믿느냐고 하면 그렇다. 인간의 힘으로 알 수 없는 우주적인 힘이 있고 나는 그 안에 속해 빛을 내는 별 중에 하나라고 생각한다.

영혼의 힘을 믿지 않는다면, 나와 같은 한 사람의 삶을 설명할 수가 없게 된다. 세상에는 이런 이야기가 아주 많다. 저마다 반짝거리는 별과 같은 이야기들이.

에필로그

나는 너를 안다, 불안에 떠는 영혼이여. 처음으로 돌아가는 일만큼 너에게 필요한 것은 없고, 너에게 양식이 되고 잠이 되는 것은 없다. 네 주위에서 파도가 쏴르르 흐른다. 너는 파도이자 숲이다.*

유년의 결핍은 평생 나를 따라다니며 종종 내면 깊은 곳의 수

---

* 헤르만 헤세, 동화 「어떤 꿈의 연속」(1916) 중에서

치심과 질투심을 자극했다. 돌부리에 걸려 휘청거릴 때마다 습관적으로 유년의 결핍을 꺼내 스스로를 방어했다.

실패와 좌절과 절망의 순간에 남을 탓할 수 없는 사람이 있다. 이런 사람의 공격성은 자기 내면을 향한다. 반성과 성찰이라는 핑계로 자책감에 빠지고 자기 학대적인 생각에 강박적으로 집착한다.

누구도 미워할 수 없다면, 어린 시절의 자기자신과, 자기의 못난 과거를 탓하면 된다. 방어기제는 단기적으로 도움이 된다. 진짜 문제를 회피하고 고통을 무마함으로써 일을 좋게 좋게 마무리할 수 있다.

그러나 이건 아랫돌 빼서 윗돌을 괴는 격이라, 해결이 아니라 봉합이다. 이런 일이 반복되면 나중에 치러야 할 고통이 너무나도 커진다는 걸 알면서도 나는 그 황홀한 자학을 계속했다.

어느 날 만난 역경은 너무나 크고 위협적이었다. 내가 살기 위해서는 객관적으로 문제를 분석해야 하고 해로운 타인을 내 삶에서 제거해야 하지만 나에겐 그럴 힘이 없었다. 남을 탓하기보다 스스로를 탓하는 게 훨씬 쉽고 간편했으니.

내가 실패한 원인은 내 모자람 때문이다. 이 모자람은 어릴 적에 사랑을 못 받아서, 경제적으로 궁핍해서, 공부를 충분히 못 해서, 끈질기게 매달리는 독기를 키우지 못해서, 부모로부터 물려받은 착하고 순진하며 못난 천성 때문에, 그리고 또 다른 수많은 이유 때문인 것만 같다.

살면서 겪어온 수많은 실패와 좌절의 경험이 모두 본질적으로 같은 원인에서 나온 것이라고 생각했다.

이번에는 문제가 너무 컸다. 스스로를 지키기 위해서는 기억 저편에 묻어둔 아주 작은 파편까지 모조리 꺼내야 했다.

스스로를 벌하기 위해 나는 내 안에서 먼지보다 더 작은 이유까지 다 끄집어내 탈탈 털고 또 털었다. 내가 실패해야만 하는 이유는 끝도 없었다.

아버지는 무능했고, 어머니는 광신도였다. 대대로 못난 집안이었고, 친척들이 모두 가난하고 내세울 것 하나 없었다. 나는 잔머리만 트여 살살 거짓말을 하고 눈속임을 일삼는 말썽꾸러기에다가 애정결핍으로 눈치만 늘고 속은 텅 빈 천덕꾸러기였다.

겉으로는 아무런 티를 내지 않고 뒤에서 조용히 말썽을 피워댔기 때문에 사람들은 몰라봤지만 내 안에는 절대 화해하지 못할 것 같은 두 개의 자아가 서로 으르렁거리며 발톱을 휘두르고 있었다. 이런 일은 사춘기를 지나 성인이 될 때까지 계속되었다. 나는 상처받고 또 상처받았다.

고통을 오롯이 받아들이고 지옥 속을 걸었다. 심장이 부서지고, 마음이 산산조각 난다는 게 무슨 말인지 지금은 안다. 제 가슴을 주먹으로 탕탕 치면서 울부짖어 본 적이 있다. 아마 그것을 '울화'라고 할 것이다.

깊은 절망과 우울함에 늪처럼 빠지던 날들이었다. 가족에게도 나의 슬픔을 말하지 않았지만, 혼자만 되면 괴로움에 울부짖고 매일 밤 잠을 설쳤다. 일상은 아무렇지 않게 흘러갔다.

이 고통의 시작을 가장 잘 알고 있는 제일 친한 친구들과 여행을 갔다. 술을 마셨는데 밤이 다 새도록 나는 말을 그치지 않았다.

다음 날 아침 숙취에 잠이 깨면서 이상한 힘으로 나는 정신을 바짝 차렸다. 벌써 일 년 넘게 하고 있는 한탄을 그날 밤에 한 번 더, 지긋지긋하게 했다는 걸 깨달았다.

바닥을 쳤으니 이제 그만 올라갈 차례였다. 선물 받은 후에 읽지 않은 채 아무렇게나 놓여 있던 책 한 권을 집어 들고 읽기 시작했다. 줄리아 카메론의 『아티스트 웨이』였다.

그 책이 어떻게 거기 있었을까? 몇 년 만에 다시 만난 친구는 어떻게 딱 그 시기에 나에게 그 책을 주고 갔을까? 무심코 펼쳐 몇 페이지를 읽다가 자세를 고쳐 앉았다. 이건 나를 길어 올릴 동아줄이구나.

나는 이 죽음으로부터 나를 길어 올릴 수 있을까?

표지 안쪽에 그때 써 둔 문장이다. 나는 절박했다. 책을 읽어나가며 글을 쓰고 또 썼다. 술만 마시면 늘어놓던 나의 변명, 오래 묵은 방어기제를 이제 그만 다 내려 놓고 싶었다.

내가 왜 이렇게 한심하게 태어났는지 인생을 왜 이렇게 낭비하고 있는지 그 이유를 찾고 싶어서 밤낮으로 책상 앞에 앉았다.

새벽마다 공책 세 쪽을 꽉꽉 채워 생각을 풀어놓는 '모닝페이지'를 쓰면서 말이 넘쳐흘러 주체하지 못하는 나를 보았다. 변호든 변명이든 상관없이 내가 나를 위해 할 수 있는 말은 모두 꺼내 놓았다.

이 책은 2023년 1월부터 두 달 동안 브런치에 고요히 써 내려간 글을 모은 것이다. 한겨울 새벽잠을 떨치고 일어나 작은 방 서재에 은은한 조명을 켜고 잠시 명상을 한 뒤, 글을 쓴다.

어린 날의 내가 가여워서 그 고통을 지금까지 짊어지고 있는 내가 안쓰러워서 글을 쓰다 말고 통곡에 가까운 울음을 쏟아낸 날도 적지 않다.

아버지를 원망하기 위해 시작한 글은 아버지의 삶을 깊이 이해하고 사랑을 느끼는 글로 끝났다. 어머니의 희생을 떠올리기 위해 시작한 글은 철없던 어린 시절의 나를 마주하며 오열하는 것으로 끝났다. 동생을 미워한 이유를 밝히기 위해 글을 시작하면 내가 동생을 깊이 사랑한다는 점을 확인하고서야 마무리되었다.

어느 날은 그저 할머니가 그리워서 쓰기 시작했는데, 내가 누구의 사랑과 관심을 온전히 받은 적이 있다는 사실을 발견하고는 매우 놀랐다. 내 안에서 솟아나는 인간에 대한 사랑을 설명할 길이 여기에 있었다.

내 안에는 사랑이 있다. 혼자서는 주체할 수 없을 정도로 넘치는 사랑이. 그래서 오롯이 내 성공만을 위해 뭔가를 한다는 게 아직도 어렵다. 작은 것이라도 바꾸기 위해 거리에 나가 목소리를 보태는 것이 훨씬 쉬웠다. 군중 사이에 서니 상처를 줄 일도 상처받을 일도 많았다. 이게 다 사랑 때문이다. 그러니 후회할 것도 없었다.

이웃을 사랑하고, 자연을 사랑하고, 인류를 사랑하고, 심지어 원수까지도 이해해 버리는 마음은 독서를 탐하는 버릇에서 자라난 것이다. 머리가 크고 나서는 한사코 부정하려 애썼지만, 어릴 적 종교적인 환경에서 매일 성경을 읽고, 묵상하고, 기도하던 버릇에서 자라난 면도 있다.

문제는 아침저녁으로 기도하며 매일 자신을 돌아보고 반성하는 습관을 키우면서도 자기를 사랑하는 마음을 충분히 키우지 못했다는 것이다. 사랑과 인정을 밖으로부터 얻기 위해 애쓰느라 내가 스스로에게 사랑을 줄 수 있다는 걸 미처 몰랐다.

누구에게나 꼭 닫힌 서랍이 있다. 사람들은 함부로 서랍을 열지 못한다. 서랍을 열면 무엇이 쏟아져 나올지 두렵기 때문에, 서랍이 존재한다는 사실조차 망각하려 애쓰고, 결국 잊는다.

자기가 어디에서 왔는지 모른 채로, 삶의 근원적인 고통을 마주하길 거부하며 유흥과 오락에 몸을 맡긴다. 요샌 세련되게 '도파민 중독'이라고 말한다. 이렇게 사는 건 술을 마신다는 사실을 잊기 위해 술을 퍼붓는 술꾼과도 같다.

어느 순간 우연히 다가온 운명에 몸을 맡기고 인간과 삶의 진실을 향해 투쟁했더니 곧이어 극심한 고통이 다가왔다. 단단한 세상은 저항을 허락하지 않았다.

좌절과 고통이 극에 달해 더 이상 견딜 수 없을 것 같은 순간이 오자 그렇게나 외면하고 싶었던 서랍에 시선이 갔다. 나는 용기를 냈다. 무엇이 튀어나올지 모르는 낡은 서랍을 열었다.

먼지와 함께 온갖 것들이 나온다. 뒤죽박죽 뒤섞인 고물들을 하나하나 면밀히 관찰하고 탐구하는 동안에 간혹 반짝거리는 것들이 떨어진다. 서랍 속은 생각만큼 나쁘지 않다. 낡은 서랍을 정리하며 나는 스스로를 용서하고 위로할 수 있었다. 내 삶을 이해할 수 있었다.

이 책을 읽을 독자들이 나에게 무슨 말을 건넬지 안다. "어쩜 그렇게 용감하세요?" 누구에게나 닫힌 서랍이 있다는 증거다.

자기만의 서랍을 열고 들여다볼 의지를 가졌거나 오랫동안 그 안에서 묵은 것을 세심히 관찰하고 해석할 용기를 내는 사람은 적다. 서랍을 열어 자기 삶에 대한 고고학적 분석을 행하고 발굴 조사 결과를 사람들에게 내보일 용기를 낼 수 있는 사람은 더 적다는 것을 안다.

진짜 자기의 모습을 마주하는 것, 그래서 진솔한 자신을 타인에게 내보일 수 있는 것, 그렇게 진심으로 주고받는 것을 소통이라고 할 수 있을 것이다.

그렇기 때문에 어느 겨울 아무도 보지 않는 작은 공간에 써 내려 갔던 이 글들을 모아 출판하기로 한 스스로를 안고 토닥인다. 참 잘했다고.

내 글을 읽고 누군가가 감동하기를 바라지 않는다. 나를 이해해 주고 사랑해 주길 바라지도 않는다. 그건 이 책을 써내려 가는 과정에서 내가 나 스스로에게 이미 베푼 것이다.

  다만, 어제까지 별 상관도 없던 어떤 사람의 이야기를 읽으면서 자기 마음 안에도 낡고 버려진 서랍이 있음을 깨닫고 그 서랍을 한 번 열어볼 용기를 내는 독자가 있다면 개인적인 이야기를 굳이 세상에 내놓은 보람이 있을 것 같다.

2024년 11월

가난한 시절의 서랍을 열면

초판 1쇄 2024년 12월 10일

저자 읽온니 | **일러스트** 임지인 | **디자인** 도토리실험실 | **마케팅** 오솔빛

펴낸이 전수민 | **펴낸곳** 새벽의별무리 | **출판등록** 2024년11월13일(제2024-000034호)
주소 인천광역시 남동구 만수서로 36, 201동 301호 | **팩스** 0303-3442-0517
인스타그램 @saebyeol_books | **이메일** saebyeolmuri@gmail.com

종이책 ISBN 979-11-990202-0-7
전자책 ISBN 979-11-990202-1-4

※ 잘못 만들어진 책은 바꾸어 드립니다.
※ 이 책은 저작권법에 따라 보호받는 저작물이므로 무단전재와 복제를 금합니다.

값 15,000원   ⓒ2024, 새벽의별무리